高校体育科学化教学创新研究

王翠娟　张雪飞　王丽娜◎著

吉林出版集团股份有限公司
全国百佳图书出版单位

图书在版编目（CIP）数据

高校体育科学化教学创新研究 / 王翠娟，张雪飞，王丽娜著 . -- 长春：吉林出版集团股份有限公司，2023.5

ISBN 978-7-5731-3279-6

Ⅰ.①高… Ⅱ.①王… ②张… ③王… Ⅲ.①体育教学－教学研究－高等学校 Ⅳ.① G807.4

中国国家版本馆 CIP 数据核字 (2023) 第 108011 号

高校体育科学化教学创新研究
GAOXIAO TIYU KEXUEHUA JIAOXUE CHUANGXIN YANJIU

著　　者	王翠娟　张雪飞　王丽娜
责任编辑	李　娇
封面设计	李　伟
开　　本	710mm×1000mm　　1/16
字　　数	210 千
印　　张	11.75
版　　次	2024年1月第1版
印　　次	2024年1月第1次印刷
印　　刷	天津和萱印刷有限公司

出　　版	吉林出版集团股份有限公司
发　　行	吉林出版集团股份有限公司
地　　址	吉林省长春市福祉大路 5788 号
邮　　编	130000
电　　话	0431-81629968
邮　　箱	11915286@qq.com
书　　号	ISBN 978-7-5731-3279-6
定　　价	71.00 元

版权所有　翻印必究

作者简介

王翠娟，女，毕业于山东师范大学，体育教育与运动训练方向，硕士，现工作于山东财经大学体育学院，副教授，主要从事健美操教学与训练工作，出版专著三部，参与省部级课题两项，发表论文多篇。

张雪飞，女，毕业于山东师范大学，体育教育与运动训练方向，硕士，现工作于山东财经大学体育学院，讲师，主要从事健美操和排舞教学与训练工作。

王丽娜，女，毕业于上海体育学院，体育教育与运动训练方向，硕士，现工作于山东财经大学体育学院，讲师，主要从事瑜伽、艺术体操教学与训练工作，出版专著一部。

前 言

学校教育是实施素质教育、人才强国战略的必然要求。高校体育教育是我国教育事业的重要组成部分,在推动现代教育发展与创新人才培养方面发挥着不可替代的作用。随着我国社会的进一步发展,为了响应国家人才强国的总目标,高校教育必须进一步改革创新,这样我国人才强国和全面素质教育的目标才能实现。体育教育改革要从体育教育理念着手。中国从清末至现代的体育思想在历史的渲染和国外先进思想的影响下一直在不断地进步,最终发展为现代三大体育教育理念,分别是"健康第一"教学理念、"以人为本"教学理念、"终身体育"教学理念。随着互联网和多媒体技术的发展,多媒体技术、慕课、翻转课堂、微课等新技术、新方法的应用,不仅需要体育教育理念的创新,更需要体育教育方法、体育教育内容、体育教育模式等的全面变革和发展。

高校体育教育是提高大学生身体素质的重要途径,对我国教育事业的发展和创新人才的培养都起着关键作用。在竞争日益激烈的现代社会,高校体育教育既承担着增强学生体质,培养大学生良好心理素质和较强的社会适应能力的责任,又具有其他学科不可替代的学科优势。

大力发展体育教育事业,在改变传统教学理念的同时,更应该结合我国高校体育教育的发展情况更新理论体系,在体育教学内容、体育教学方法、体育教学模式、体育教学管理等相关方面实现全面的发展创新。

本书共分为六章。第一章主题为高校体育教学概述,分为三节:高校体育教学理论、高校体育教学功能与目标、高校体育科学化教学思想；第二章的主题是高校体育教学的创新研究，从三方面展开论述：高校体育教学中的德育教育、高校体育教学对学生创造力的培养与开发、高校体育对大学生心理健康的影响；第三章主题是高校体育教学方法的创新，共有四节：高校体育教学方法的基本理论、高校体育教学之多媒体网络、高校体育教学之翻转课堂、高校体育教学之快乐体育；第四章的论述核心是高校体育教学内容的创新，分为三节：高校体育的内容体系、高校体育教学内容编排和选择、高校体育教学内容的创新发展；第五章从高校体育教学评价和管理的创新这一主题入手，分析了高校体育教学的评价的创新、高校体育教学管理的创新两方面的内容；第六章的主题是高校体育教学实践创新——户外拓展，分为三节：高校户外体育教学的组织与管理、户外教学之徒步穿越与野外生存、户外运动急救知识。

  在撰写本书的过程中，作者得到了许多专家学者的帮助和指导，参考了大量的学术文献，在此表示真诚的感谢！限于作者水平有不足，加之时间仓促，本书难免存在一些疏漏，在此，恳请同行专家和读者朋友批评指正！

作者

2022 年 11 月

目 录

第一章 绪论···1
　　第一节 高校体育教学理论··1
　　第二节 高校体育教学功能与目标··19
　　第三节 高校体育科学化教学思想··26

第二章 高校体育教学的创新研究···39
　　第一节 高校体育教学中的德育教育······································39
　　第二节 高校体育教学对学生创造力的培养和开发···················46
　　第三节 高校体育对大学生心理健康的影响·····························55

第三章 高校体育教学方法的创新···63
　　第一节 高校体育教学方法的基本理论···································63
　　第二节 高校体育教学之多媒体网络······································71
　　第三节 高校体育教学之翻转课堂···92
　　第四节 高校体育教学之快乐体育··101

第四章 高校体育教学内容的创新···109
　　第一节 高校体育的内容体系···109
　　第二节 高校体育教学内容编排和选择·································112
　　第三节 高校体育教学内容的创新发展·································119

第五章　高校体育教学评价和管理的创新·································125
　　第一节　高校体育教学评价的创新·······································125
　　第二节　高校体育教学管理的创新·······································139

第六章　高校体育教学实践创新——户外拓展·························151
　　第一节　高校户外体育教学的组织与管理······························151
　　第二节　户外教学之徒步穿越与野外生存······························169
　　第三节　户外运动急救知识···175

参考文献··179

第一章 绪论

体育是高校教学任务的重要组成部分之一。体育也是培养德、智、体、美全面发展的社会主义建设人才的一个重要方面。因此，必须重视体育教学的作用。学生通过体育课程不仅要锻炼身体，而且还要知悉德智皆寄于体育，只有拥有健康的体魄才能为学习、工作打下物质基础。本章主题为高校体育教学概述，共分为三节：高校体育教学理论、高校体育教学功能与目标、高校体育科学化教学思想。

第一节 高校体育教学理论

一、体育教学论

（一）体育教学论的概述

1. 体育教学论的概念

体育教学论是一门科学，主要是对体育教学的各种现象与一般规律进行研究。换言之，体育教学中的各种现象和教学现象中隐藏的规律是体育教学论的主要研究对象。

2. 体育教学论的结构

体育教学论其实就是人们对体育教学中相关问题的思考，分为两大部分，即体育理论教学论和体育应用教学论。

3. 体育教学论的研究

（1）体育教学论的理论基础

理论基础是研究任何一项学术的支撑与基础条件，体育教学论的研究也是如此。其理论基础具体如下：

①一元论

一元论一词由 C. 沃尔夫创造。C. 沃尔夫是 18 世纪德国著名的唯心主义哲学家、物理学家、数学家。起初一元论不是作为哲学用语出现的。把一元论作为哲学用语的是海克尔,他是 19 世纪末德国著名的动物学家、哲学家。E.H. 海克尔把基于进化论的世界观和物种保存原则称作一元论,并著作了《作为宗教和科学之间的纽带的一元论》,"一元论者协会"也是由其创立的。[①]

世界唯有一个本原,这是一元论所主张的哲学学说。这一主张是与二元论及多元论相对而言的。二元论主张世界的本原有两个,即精神与物质;多元论主张世界的本原除了物质与精神之外,还有空气、水等。

一元论强调,物质是根本存在的,是处于首位的,而精神次之,精神随物质存在而存在,一旦物质消失,那么精神也就随之消失。一元论可以分为唯物主义一元论和唯心主义一元论两大类。唯物主义和唯心主义是有根本区别的,唯物主义与唯心主义分别强调世界的本原是物质的和世界的本原是精神的。

从严格意义上讲,唯物主义的一元论是不彻底的。这主要是因为在还没有马克思主义的时候,所有主张唯物主义的人的社会历史观从本质上讲都不是唯物主义而是唯心主义。之后,由于马克思主义的诞生,不彻底的唯物主义一元论才成为坚持了彻底完整的唯物主义的一元论,它的坚持反映在自然观与社会历史观上。因此,只有马克思主义哲学才从本质上坚持了唯物主义一元论。在唯物主义的一元论中,只有辩证唯物主义一元论的观点才科学论证了世界的本原是物质这一观点,并全面贯彻了世界的本原是物质这一观点。

②二分法

当在进行日常研究或对事物的种类进行表述时,人们经常会混淆"分类"与"划分"的概念,常把分类当作划分,或把划分按照分类的含义使用。这里要严格区别二者的概念。

分类有两种解释:首先,按照种类、等级或性质分别分类,如将邮件进行分类。其次,将无规律的事物按一定的规律分为有规律的事物,按照不同的特征对事物进行分类,使得事物更具有规律。

---

① 普列汉诺夫. 论一元论历史观的发展问题 [M]. 王荫庭, 译. 北京: 商务印书馆, 2017.

从上述对分类的两个解释来看,可以大致把分类当作归类理解。归类指的是把个体对象按照共同的特征归为一类,并把具有共同特征的类集合成类。

分类的着手点是比较并概括个体之间、类之间的相同点与不同点。因此,对分类来说,归纳和类比的意义重大。

划分通常就是区分的意思,也可以说是对一个整体进行划分,将其分为若干部分。传统逻辑向外延伸了划分的概念,延伸为将一个类分为若干子类。

总体来讲,分类是从种到属,而划分则是从属到种,二者方向相反,但又相辅相成,往往并用,结果一致。要划分准确,就应严格遵守以下四个规则:

第一,各个子项之间没有相同的分子,也就是说,各个子项之间不兼容。

第二,每个子项都包含其母项中的某一个分子。

第三,每次进行划分时,划分的根据不能改变。

第四,不可以进行越级划分。

综上所述,从划分的原则来看,"两分法"是比较科学的划分方式,它基本遵循了划分的规律与原则。

③观察学习理论

观察学习又称为"模仿学习",还可称为"替代学习"。其界定是,人们只要对榜样的行为进行观察就能学会某种行为即所谓的观察学习。在美国著名心理学家班杜拉看来,人类不必是行为的直接实施者,不必是行为的亲身体验与强化者,也能形成所有的社会学行为,其主要途径是身处于社会环境中,在社会环境的影响下,通过观察他人、学习他人或榜样的示范行为及其结果,即可提高学习效率。

班杜拉认为,人或物是否能成为榜样或示范者,就要看其是否可以作为他人(学习者)观察的对象以及学习的对象,如果可以成为他人(学习者)观察学习的对象,他就可以作为榜样或示范者,否则就不是。这里的榜样与示范者并不局限于人,也可以是事物或动物等,还可以是虚拟中的人,如电视中的人、小说中的人。

通常有以下三种形式的榜样:

第一,具体的现实生活中的人,即活的榜样。

第二，某个带有典型特点的，可以以语言描绘的方式表现的榜样或以形象化方式表现的榜样，即诫例性榜样。

第三，通过语言或影视图像而呈现的榜样，即符号榜样。

班杜拉把观察学习划分为三种类型，其划分依据是观察学习者的不同观察学习水平。第一种观察学习是直接的，即学习者简单模仿示范行为。第二种观察学习是抽象性的，即学习者形成的一定的行为规则或原理是从示范者的行为中获得的。第三种观察学习是创造性的，即学习者形成的一种新的行为方式是从不同示范行为中抽取不同的行为特点进而形成的。

班杜拉认为，观察学习有四个过程，即先注意，然后保持，接着是运动再现，最后是动机。榜样的条件会影响观察学习者的学习行为。学习者只有通过仔细对榜样的示范行为加以留心，才能够进行观察学习。榜样若想起到很好的示范效果，需要具备以下四个条件：

首先，基本条件是示范行为要具备实施的可能性，保证观察学习者有能力做到。

其次，示范行为要与观察学习者的年龄相符，使其容易理解。

再次，示范行为要突出重点，力求生动，能够引起观察学习者的兴趣，吸引其注意力。

最后，示范行为要可以信赖，榜样要使观察学习者相信示范行为是为学习者专门示范，没有别的目的。[①]

（2）体育教学论的研究对象

任何一个学科都有属于自己与其他学科不同的研究对象，这是每个学科与其他学科相区别的主要标志。体育教学论也不例外，其研究对象具体如下：

①教与学的关系问题

体育教学活动包含多种因素，如教学主体、教学环境、教学客体等，这些因素之间的关系是错综复杂的，每个因素之间又是相互联系、相互依存、相互影响的。在体育教学活动设计的各因素之间的关系中，最根本的、最关键的

---

① 班杜拉.思想和行动的社会基础——社会认知论：第1卷[M].林颖，等译.上海：华东师范大学出版社，2001.

关系是教与学两者之间的关系，教学活动要以这一关系为主要依据才能得以顺利开展。因此，要对体育教学进行研究，就要对教与学二者的关系进行分析与研究，从而将其中所隐藏的教学规律揭示出来，以便对体育教学原理进行深入掌握。

②教与学的条件问题

在开展体育教学的过程中，体育教学能否顺利进行直接受到教学条件这一重要因素的影响。体育教学目标能否顺利完成，教学质量能否得到提高，在一定程度上也受到体育教学条件的好坏的影响。教学的硬件与软件设施、教学氛围等是体育教学活动中教与学的条件的主要的内容。

③教与学的操作问题

体育教学论不仅对理论方面的相关内容进行研究，而且对实践操作中的问题进行研究。在体育教学过程中，教与学的操作问题具体指的是以体育教学的原理与规律为参考依据对教学过程进行设计。例如，对教学内容的选择、对教学方法与教学模式的运用、对教学评价方法的设计等。

（3）体育教学论的研究内容

①理论部分

体育教学论的理论部分主要包括：体育教学原理、体育教学因素以及体育教学的特征、原则、规律等。

②实践部分

体育教学论的实践部分主要包括：体育教学方法、体育教学内容、体育教学模式、体育教学评价等。这些都是与实践操作相关的内容。

（二）体育教学论的价值

1. 有利于对体育教学本质的认识

体育教学是许多教学现象集合起来的一个整体，具有相对的复杂性。与其他学科相比，体育教学现象更为复杂，正因为如此，体育教师要将体育教学的本质认清是有一定难度的，进而会使教师对体育教学活动的正确认识与评价受到制约。体育教学论能够帮助体育教师对体育教学现象进行准确、科学的辨别与判断,从而促进体育教师能够在一定程度上认识体育教学的本质。

2. 有利于对体育教学要素之间的关系进行辨别

体育教学是一个庞大的教学系统,具有复杂性,涉及的教学因素有很多,如教学主客体、教学内容、方法、模式、环境等。为了使体育教学活动能够顺利开展,体育教师有必要运用体育教学论来对体育教学要素进行分析与判断,将其中的关系厘清,并深入理解这些要素,以此来对体育教学的本质进行深入认识与理解。

3. 有利于对体育教学研究进行完善

在基础教育不断改革的过程中,体育教学的内容和内涵也在发生着深刻的变化。而且,随着体育教育与体育文化的不断革新,体育教学现象逐渐复杂起来,一些新现象与新特点在体育教学中不断出现,但是人们无法解释这些现象,也无法解决这些新问题,这就需要体育教师通过对体育教学论的系统学习来解决这些问题,学习体育教学论后,体育教学理论将会日益完善。

4. 有利于对体育教学实践进行指导

通常,总有一定的教学规律会隐藏在体育教学的各种现象中,体育教师如果能够在一定程度上认识这些体育教学规律,并且参照这些规律进行体育教学实践,就可以取得良好的教学效果。体育教学论的学习有利于体育教师对体育教学规律的认识与掌握,从而促进其教学能力的增强,使体育教学任务能够尽快完成。

5. 有利于体育教学活动的顺利进行

在国家推行体育新课程改革后,传统的教学理念已经不能满足新课改的需求,需要对其进行改革与创新才能开展体育教学活动,这主要为了使新课改后的教学目标的顺利达成得到一定的保障。通过学习体育教学论,体育教师能够对与时俱进的教学理念进行熟悉与掌握,但要注意学习的规范性与系统性。

体育教学论能够促进体育教师教学能力的有效提高,可以指导教师在不同的教学阶段都可以以现实情况为依据对教学内容、教学方法、教学模式、教学评价机制等作出正确的选择,以保证能够顺利实现体育教学目标。

体育教学论对体育教师教学理论水平的提升是非常有利的。学习体育教学论，能够帮助体育教师建立起科学的体育教学观，从而指导其运用体育教学观对体育教学的本质与规律进行充分的掌握，进而对最新的体育教学问题进行研究与把握，最终提高其体育教学问题解决能力。

二、高校体育教育法

（一）语言教学法

语言教学法即在教学活动中，要达到相应的教学效果的方法，需要教师对学生进行语言指导。一名教师正确、简明、形象地使用语言，对于学生的学习和教学工作任务的完成具有重要的意义。教师正确地使用语言，不但能够使学生更好地理解相应的学习目标和任务，还能够促进学生快速掌握相应的知识和技能。

因此，在体育教学过程中，教师应注重语言法的运用，注重语言的技巧。一般学校体育教学中语言教学法的形式有：讲解、口头汇报、口头评价以及口令和指示等。

1. 讲解法

讲解法即教师将相应的动作要领、方法和规则要求等方面的知识向学生进行说明，其目的是更好地指导学生进行相应的运动技能的学习和掌握。讲解法是较为常用的教学方法，在运用时，应注重以下五个方面的问题：

第一，要明确讲解的目的，根据教学的目标、教学内容和学生特点进行讲解。在讲解过程中，应对语速、语气进行调节，并抓住教学内容的重点和难点，具有一定的目的性和针对性，这样才能够使学生明白哪些是重点和应该着重理解哪些方面。

第二，在进行讲解时，应注重内容的正确性，不管是具体的工作原理还是相关的基本知识，都应做到准确无误。另外，还应注重讲解的方式要与学生的学习情况和学习能力相适应，使学生能够很好地接受相应的知识。

第三，为了使学生更好地理解相应的技术动作，讲解要做到生动形象、简明扼要。具体而言，在讲解过程中，应注重将新的技术动作和知识内容与学生已经了解和熟悉的内容联系起来，使学生更好地理解相应的动作技术。另外，教学时间有限，学生的注意力集中程度也会随着学习时间的延长而有所下降，因此，应抓住重点，简明扼要地进行讲解。

第四，在内容讲解过程中，对于一些知识体系和动作技术，不能将其孤立起来，要注重启发学生的发散性思维和创造性思维，使学生能够触类旁通、举一反三，更好地理解相关的知识，达到学以致用的目的。

第五，在进行讲解时，还应注重讲解的时机和效果。在讲解相应的内容时，首先应选择合适的站立位置，确保每个学生都能够听到相应的内容。另外，给学生进行讲解时，应充分调动其好奇心和积极性，如此才能取得更好的效果。

2. 口头汇报法

口头汇报法是教师了解教学效果的重要方法之一，这种方法要求学生根据教学需要，向教师表述学习心得以及有关教学内容、方式和疑难问题等相关方面的问题。学生的口头汇报，能够使教师明确自己在教学过程中的不足，为教师提高教学水平提供相应的依据。对于学生而言，这种方式不仅能够培养其语言表达能力，还能够促进其积极思考，帮助其理解教学内容。因此，在教师教学过程中安排学生进行相应的口头汇报不仅有助于教师和学生素质的提高，而且对于教学质量的提升也有重要的促进作用。

3. 口头评价法

口头评价法也是一种重要的语言教学方法，对于学生的动作完成情况以及课堂表现给予相应的口头评价，能够更好地促进学生的学习。口头评价可分为两种：一种为积极的评价；另一种则是消极的评价。积极的评价即对学生进行正面鼓励，能够在一定程度上激发学生的积极性，促进教学活动的更好开展；消极的评价则往往指出学生的不足，明确其提高的方法和努力的方向，但教师用这种方式时应注意语气。

4. 口令和指示法

在体育教学过程中，教师需要使用多种口令和指示，如"立正""跑""转体"等。这些语言简短有力，能够很好地指导学生进行相应的技术动作的训练。但需要注意的是，运用这些口令和指示时，应把握其时机和节奏，否则会造成学生动作的不协调和出错。另外，还应注重发音的洪亮有力，不仅要使学生能够清楚地听到，还应给学生以势在必行之感。

（二）直观教学法

直观教学法是体育教学中较为常用的一种教学方法，通过相应的直观的方式作用于人体的感觉器官，引起相应的感知，从而实现体育教学目的。一般常用的直观教学法有：动作示范、条件诱导、多媒体技术、直观教具和模型演示等。在实践过程中，人们认识事物都是从感觉器官的感知开始的。因此，直观教学法能够使学生更易于理解相应的教学内容。

1. 动作示范法

动作示范法指的是由教师示范一些动作，使学生掌握技术动作的形象、结构和要领等的基本方法。一般在进行动作示范时，教师可亲自示范，也可指定相应的学生示范动作。在采用动作示范方法时，应注重以下四个方面的问题：

第一，在进行动作示范时，应具有一定的目的性。如果是为了使学生了解动作的基本形象，则示范动作可稍快；如果动作示范是为了使学生了解相应的动作结构，并引导学生学习，则动作应稍慢，可略夸张；如果示范的是相应的重点和难点动作，则可多示范几次。

第二，示范动作一定要注重正确性，避免误导学生。在进行相应的讲解时，不仅要注重内容的正确性，还要体现出教学内容的特点，教学内容要与学生的学习能力相适应，以便提高学生的学习兴趣。

第三，进行动作示范时，应使全体学生都能够看到，可让学生呈圆圈形站立，或是错位站立。

第四，在进行动作示范时，一般应配合相应的讲解方法，使学生能够更好地理解；可采用先示范后讲解、边示范边讲解和先讲解后示范等方式。

2. 条件诱导法

条件诱导法也是较为常用的一种教学方法，它以某种条件为诱因，并与相应的动作建立联系，从而达到相应的教学目的。例如，通过相应的音乐伴奏和喊节拍的方式形成一定的动作节奏感，通过简单的语言提示使得学生的动作能够流畅进行；另外，也可设置相应的视觉标志，指示学生进行相应的动作方向和运动轨迹、幅度等方面的操作。

3. 多媒体技术法

多媒体技术法主要包括电影、幻灯片、录像等。在运用电影和电视、录像时，应注意播放内容要与体育教学目标相适应，并有机结合电影、电视、录像与讲解示范练习。多媒体技术虽然在一般学科的教学过程中得到了普遍的运用，但是在体育教学过程中，其应用仍不够广泛，这与体育教学在户外授课、器材运用不方便有很大的关系。

4. 直观教具与模型演示法

在体育教学过程中，对于一些高难度的动作可采用图表、照片和模型等直观方法辅助教学。教师运用这些教学工具能够使学生更加易于理解相应的技术结构和动作形象。另外，对于一些战术配合，教师也常采用模型演示的方式进行讲解。

（三）完整与分解教学法

1. 完整教学法

从动作开始到结束，完整地进行教学和练习的方法即完整教学法。一般当技术动作的难度不是很高，或技术动作不可进行分解时，教师会采用完整教学法进行教学。另外，在首次进行动作示范时，教师也会采用完整法来进行动作技术形象的示范。完整教学法的优点是动作协调优美、结构简单、方向路线变化较小，以及各部分之间具有密切的联系。其缺点是对一些复杂的动作而言，采用这种教学方法会为教学带来一定的困难。为了便于学生进行学习，促进教学活动更好地开展，应注重以下四个方面的问题：

第一，在讲授一些简单和易于掌握的动作技术时，教师可以先进行完整的动作示范，然后由学生直接完成完整的动作练习。

第二，有一些技术动作无法分解，这时要采用完整教学法。需要注意的是，在采用这种方法时，要对其中的各项要素进行必要的分析，如动作的用力、动作转变的时机等；但是，不能拘泥于动作的细节，要从整体上进行把握，确保动作的完整性和流畅性。

第三，对于一些难度动作，可适当地降低其难度，可先通过降低难度或是徒手完成相应的动作，在此基础上逐渐增加难度。需要注意的是，当降低难度时，不能使技术动作出现错误，这是基本要求。在教学过程中，对于一些器材的质量以及高度、距离等标准可适当降低。

第四，当采用完整法进行教学时，可适当改变外部的环境条件，在外力条件的帮助下完成相应的完整动作。

2. 分解教学法

分解教学法即将完整的动作划分为几个部分，逐步使学生掌握完整的动作技术。这种方法适用于难度相对较高，动作可分解的运动项目。这种教学方法能够将复杂的动作分解为简单的动作，从而使技术难度降低，更加有利于学生的学习和掌握。但是，这种方法也有其相应的缺点，即它注重对于局部动作的分解把握，可能在一定程度上使得学生对于整体动作的理解不全面。因此，分解教学法和完整教学法通常结合使用。

在运用分解法进行教学时，应注意以下三个方面的问题：

第一，应仔细分析动作技术的特点，采用合理的方式对其进行分解，注重时间、空间等方面的有序性和统一性。

第二，将完整的技术动作分为多个环节时，应注重各个环节之间的联系，注重各动作结构之间的联系。

第三，在熟练掌握各阶段的动作之后，要注重各个环节之间的动作衔接，要保证过渡的流畅性，以便形成一个有机的整体。

（四）游戏与竞赛教学法

1. 游戏教学法

游戏教学法也是体育教学过程中较为常用的一种方法，是指教师组织学生通过做游戏的方式来完成相应的教学任务的方法。开展相应的游戏，能够使学生之间开展竞争和合作，提升学生的思考和判断能力，促进教学质量的提升。游戏法具有一定的趣味性，能够提高学生参与的积极性，培养学生的学习兴趣，因此在体育教学中被广泛运用。在运用游戏法时，应注重以下三个方面的问题：

第一，应根据教学目标和教学内容采取合适的游戏规则和游戏要求，确保游戏内容与教学内容相契合。

第二，当采用游戏法时，学生需要遵守相应的规则，但是，应注重对学生的鼓励以充分发挥其主动性和创造性，通过开展相应的游戏引发和启迪学生的思考。

第三，教师应做好相应的评判动作，要做到公正、客观，避免挫伤学生参与体育学习的积极性。

2. 竞赛教学法

为了检验教师教学效果，提高学生的技术水平，在教学过程中，教师可以组织学生进行比赛的方法，这就是竞赛教学法。通过竞赛能够使学生更好地掌握课堂上学到的技术动作。采用这种方法具有一定的竞争性和对抗性，学生需要承受较大的运动负荷。开展竞赛能够提高学生的应变能力，在一定程度上能够促进学生的心理素质和意志品质等方面的发展。

当采用竞赛法时，应注重以下两个方面的问题：

第一，当开展竞赛时，教师应合理组织，无论是个人赛还是小组之间的比赛，参赛的学生的实力应相对较为均衡。

第二，当参与相应的竞赛时，学生应熟练地掌握相应的技术动作，并能够在比赛中很好地运用。

（五）预防与纠错教学法

为了防止和纠正学生在练习过程中出现和可能出现的错误动作，教师在教学过程中经常采用预防与纠错教学法。在教学过程中，学生对于各种动作技术的掌握不标准和出错是不可避免的，教师应正确对待这些状况，并注意进行有意识地引导和纠正。预防和纠错是相互联系的。预防具有一定的超前性，要求对于可能的错误动作进行积极引导，并对其出错的原因进行分析；纠错具有鲜明的针对性，即针对学生的错误动作采取相应的纠正措施，并分析出错的原因。预防与纠错的具体方法有以下四种：

1. 语言表述法

为了使学生建立起正确的动作概念，教师应注重动作细节与要点描述的准确性，使学生能够明确理解各技术动作的标准和结构顺序。教师采用这种方式，能够使学生建立起正确的动作意识。

2. 诱导练习法

为了使学生的动作准确无误，教师可采用诱导性的教学方法，使学生达到相应的教学要求。例如，学生在做肩肘倒立时，不能将腰腹部挺直。针对这种情况，教师可在垫子上方悬一吊球，让学生用脚尖触球，这样学生就可以挺直腰腹部了。

3. 限制练习法

在进行相应的动作练习时，教师可以设置一定的限制条件，有助于对于学生错误动作的纠正。例如，在进行篮球投篮练习时，为了使学生的投篮动作更加协调、标准，教师可进行罚球线左右的投篮练习，使学生掌握正确的投篮方式。

4. 自我暗示法

自我暗示法是一种重要的方法，是指学生在进行相应的动作练习时，为了保证动作的准确性，在练习中有意识地暗示自己达到要求的方法。例如，在进行篮球的投篮练习时，学生可暗示自己投篮时手指、手腕的动作标准，使得投篮动作准确无误；再如，在奔跑练习中，学生要暗示自己注意后腿充分蹬地。

（六）体育教学的其他方法

除上述的教学方法之外，在创新教学理念的影响下，一些其他教学类别的教学方式也逐渐被移植到体育教学之中，如自主学习法、合作学习法和发现式教学法等。

1. 自主学习法

为了达到相应的教学目标，自主学习法需在教师的引导下进行。它是在分析学生的自身需要和条件后，据此制定相应的目标，选取相应的教学内容，并通过独立的分析、探索、实践、质疑、创造等方法来进行学习的方法。自主学习能够充分发挥学生的主观能动性。

在体育教学中,自主学习法是指为了实现体育教学目标,学生在体育教师的指导下,依据自身的需要和条件制定目标、选择内容等学习步骤,完成学习目标的一种体育学习模式。自主学习法的特点有能动性、独立性和创造性等,自主学习法有利于学生的体育自主学习能力的培养,在体育学习中确立学生的主体地位,可以使学生充满积极性地学习体育,进而提高体育教学的效果。

在体育教学过程中,采用这种方法时应注意以下两方面的问题:

第一,学生应根据自身的知识储备和能力水平,选择相应的目标和学习内容,并在教师的引导下进行。

第二,学生应根据自身情况,对照学习目标,积极进行自我调控,并及时改进教学方法和教学策略。

2. 合作学习法

合作学习法是指在教学过程中,对学生进行相应的分组,学生为了完成共同的学习任务,而有明确的责任分工的互助性学习形式。各小组成员通过了解自身特点,并根据自身的特点承担相应的责任,他们之间是相互依赖的关系,在相互协作中,完成相应的任务。在体育教学中,应用该方法应遵循以下六个步骤:

第一,在教师的引导下,学生结成相应的小组。

第二,全体成员在教师的指导下,根据教学内容确定相应的教学目标。

第三,确定各学习小组的研究课题,并对各小组成员之间的分工进行明确。

第四,小组成员合作学习,围绕相应的主题完成任务,从而实现小组任务目标。

第五,各小组相互学习,进行交流,分享相应的成果,并纠正自身的不足。

第六,对学习的过程进行评价,总结经验和得失,促进下次学习开展。

3. 发现式教学法

发现式教学法是指积极引导学生发挥创造性思维,使学生在发现的过程中学习的一种教学方法。有学者将其定义为:从"青少年学生的好奇、好动等心理特点出发,以发展学生的创造性思维为目标,以解决问题为中心,以机构化的教材为内容，使学生通过再发现进行学习的方法"。

当发现式教学法应用在体育教学过程中时，需要遵循以下几个步骤：

第一，设立相应的学习情境，或是提出相应的问题，在教师的引导下使面临相应的问题和困难的学生进行相应的探索。

第二，通过进行相应的练习，学生可以初步掌握技术动作的原理和方法。

第三，分组讨论，提出相应的假设，并进行相应的实践验证，并对提出的问题进行讨论。

第四，得到共同的结论。

当采用发现式教学法时，应注意以下四个方面的问题：

第一，教师要善于提出相应的问题和创设相应的情境，充分调动和激发学生的积极性，激发学生学习的兴趣。

第二，教师应根据学生的情况，提出问题，提出的问题应适应学生的能力水平，使得学生能够根据已有的知识和经验，并通过一定的探索得到相应的答案。

第三，教师要注重抓住教学的重点，引导学生对于重点问题进行积极思考，并找出解决问题的方法，启迪学生的创造性思维。

第四，当采用这种方法时，应注重由浅入深、由抽象到具体，使得学习过程符合学生的认知规律。

三、高校体育教学的主要原则

一般的课程教学以及体育教学的原则都由几个乃至几十个构成。体育教学涉及的因素和内容较多，归纳起来非常困难。一般来说，体育教学原则主要分为教育性原则、科学性原则和锻炼性原则三大类别。

对体育教学实践经验及规律进行概括和总结进而得出体育教学原则，对实施体育教学而言，体育教学原则是最基本的要求，保持体育教学最基本的因素以及判断体育教学质量的基本标准均为体育教学原则。本书主要论述与体育教学密切相关的几个常用原则。

(一)合理安排身体活动量原则

1. 合理安排身体活动量原则的含义和依据

在体育教学中,学生身体所承受的运动负荷应有效、合理,以达到锻炼身体、掌握体育技能的目的,这就是体育教学中合理安排身体活动量的原则。

依据体育教学的本质特点和体育教学的运动负荷规律,提出合理安排身体活动量的原则。一般来讲,运动负荷就是学生做练习时身体所承受的生理负荷量,由运动强度和运动量构成。运动强度是指单位时间内身体所承受的运动量的大小,运动量是指运动的内容、数量、时间等。在体育教学中,教师要合理地安排身体活动量,使学生都能达到适宜的生理负荷量,才能达到锻炼效果。

2. 贯彻合理安排身体活动量原则的基本要求

(1) 身体负荷量的安排要服从教学目标

在一节体育课中,教师应合理地安排学生的身体活动量。合理的安排是指为了实现课程教学目标而确定的学生的身体活动量,简单来讲,就是要根据课程目标、课程类型安排不同的运动负荷。

(2) 要针对学生的特点安排身体活动量

在体育教学过程中,参与学习锻炼的学生存在个体差异,学生的体质不同、性别不同,因此身体形态、身体机能、身体素质也不同。因此,教师一定要根据不同学生的特点安排运动负荷。

(3) 运动负荷的调节

运动负荷由运动强度和运动量构成,要使体育教学过程中学生的身体活动量适宜,教师就必须根据课程目标、教学内容、教学进度、教学设计等调整运动负荷。调整无外乎调整运动强度或调整运动量两个方面。一般而言,强度大,量就小;反之,强度小,量就大,这是一般的体育教学运动负荷调整原则。在体育教学中,教师一般对运动量进行调整,即调整练习的内容、练习的时间或练习的数量即可达到适宜要求。

(二)促进运动技能不断提高原则

体育教学的目的是促进学生技能的提高,因此,在教学的过程中,教师要注重促进学生运动技能不断提高的教学原则，以便保证教学目的的实现，提高教学质量。

1. 促进运动技能不断提高原则的含义

促进体育运动技能不断提高的原则是由体育教学的目标、社会的需求和肌体发展的需求三个因素决定的，同时也是实现体育教学终身化的基本前提和条件。

通过体育教学，掌握体育教学的运动技能，提升学生的运动能力、发展学生的运动素质、提升学生运动技能，掌握体育教学的运动技能也是让学生体验运动的乐趣、提升体育教学质量的前提，更是判断体育教学目标是否完成、检测教师教学能力高低的标准。

2. 贯彻促进运动技能不断提高原则的基本要求

促进学生运动技能的不断提高，是体育教学目标的重要组成部分，也是体育教学的意义所在。在实践这一教学原则的时候，应该做到以下几点：

（1）正确认识运动技能在体育学习中的重要意义

在前面关于"促进运动技能不断提高原则的含义"的讲述中，我们已经清楚学生学习的目的是掌握运动技能。学生掌握运动技能可以锻炼身体，可以提升运动素质。因此，教师在教学的过程中，要注重提高学生的运动技能。

（2）明确运动技能学习的目的，有层次地掌握运动技能

体育教学要求学生掌握运动技能，就是为了丰富学生的学习生活，增强学生的身体素质，保证学生健康成长。因此，在教学的过程中，当开展以"提高运动技能"为目的的教学时，教师要树立"健康第一"和终身体育的思想，将体育教学目标根据教学任务进行阶段的划分，有层次和分门别类地让学生掌握体育教学大纲所要求的运动技能。

（3）要钻研"学理"和"教学"，提高教学质量

要想提高教学质量，首先应该做到"知己知彼"。因此，教师要让学生很好地掌握体育运动技能，就必须详细地掌握各种运动技能的规律，特别是教学环境中的各种运动技能的特点和发展的规律。体育教学是一门较为复杂的学科，并且教学的时间相对有限，为了保证体育教学的效率，我们必须研究提高体育教学技能的途径和规律。

（4）要创造提高运动技能的环境和条件

任何一种技能的学习都会受到环境和条件的影响，只有在环境和条件相适宜的情况下，才能最大限度地发挥教学的作用。影响这种环境和条件的因素不仅包括教师的运动技能和水平、教学场地和器材的优化，还包括体育教师对学生学习氛围的营造。

（三）在集体活动中进行集体教育原则

体育教学侧重集体性，有些活动强调以小组为单位，这有利于在活动进行过程中增强学生的团结意识，提升学生的集体荣誉感。这也是体育教学的目的之一。因此，在集体活动中要注重集体教育原则。

1. 在集体活动中进行集体教育原则的含义

在集体活动中进行集体教育原则是指在学生进行集体性的学习活动时，要注重对学生的集体荣誉感和团结性等集体活动特性的培养，增强集体的凝聚力，使学生形成正确的集体意识，养成良好的集体行为习惯。在集体活动中进行集体教育原则依赖于组成集体的特点、集体活动的规律、集体运动的发展等。

体育教学活动主要以协同、竞争、表现为特点，这些特点主要在集体活动形式中得到体现。再加上体育教学侧重于室外教学，受到场地、教学活动范围和教学方式的影响，体育室外教学的开展一般以小组为单位，这使得体育教学具有集体性。因此，在教学过程中教师要注重在集体活动中对学生进行集体教育的原则。

2. 贯彻在集体活动中进行集体教育原则的基本要求

根据体育集体活动和集体组成的特点，接下来将介绍在体育教学中贯彻在集体活动中进行集体教育原则的要求。

（1）分析、研究和挖掘体育教学中的集体要素

从体育教学的特点可以看出，体育教学中有很多集体性的要素。因此，在进行体育教学的过程中，教师要注重分析、挖掘具有集体含义的要素，如团队的意识、共同的目标、互帮互助的活动形式等。教师在进行集体教学的过程中，应将这些要素有目的、有意识地融入学生的集体活动和体育学习之中，以便促进对学生团结意识和集体荣誉感的培养。

（2）善于设立集体运动的场景

在体育教学过程中，衡量教学活动是否具有集体性的依据是集体是否具有共同目标、是否具有共同的学习平台，因为共同的目标和学习平台是集体运动的重要组成部分。共同的学习目标是每个学生学习的动机和欲望。共同的学习平台是学习的场所和环境，能够体现集体的存在感。这两个要素能够让学生更好地凝聚在一起，互帮互助完成共同的目标。因此，教师要贯彻教学中的集体教育原则，就应该善于设立集体运动的场景，如打篮球、进行拔河比赛等。

（3）善于开发有助于集体学习的方法

要合理贯彻集体活动中进行集体教育原则，就必须建立有助于集体学习的方法，这是促进教学目标实现的重要方法。教师可以组织学生进行课堂讨论、分组进行某种运动技能的比赛等，这些教学方法将为体育教学中贯彻集体教育原则提供技术上的保证。

第二节　高校体育教学功能与目标

一、高校体育教学的功能

体育除了具备与其他学科同样的教学功能外，还具备其他学科所没有的独特功能。总体来说，体育教学的功能主要体现在健身、健心、传播知识、发展技能、传承文化、美育等几大方面。

（一）健身功能

健身功能是体育教学最为基础的一项功能，体现了体育的本质属性。对于高校体育教学来说，在经过漫长的实践与改革后，其课程规划、教学大纲设计、教材内容的选择、课时的安排、教学组织的实施等已经逐步科学化、合理化。具体来说，体育教学的健身功能主要体现在以下三个方面：

1.促进学生生长发育

学生的身体是体育教学活动最直接的载体，学生是最直接的受益方，体育教学能够有效促进学生的生长发育。大学生正处于生长发育的黄金时期，经常参加体育锻炼的大学生的身体素质通常明显高于不经常进行体育锻炼的大学生。经常参加体育锻炼可以有效地促进大学生的生长发育，提高大学生的健康水平。

2.提高身体机能水平

体育锻炼可以明显提高人体的各项身体机能水平，如加快新陈代谢、促进骨骼发育、增强心肺功能、增加肺活量、增加肌肉体积、改善血液循环、提高免疫功能等。学生的身体机能水平得到提高了，他们的抗病能力和环境适应能力也会得到相应提高和改善。

3.全面发展身体体能

体能主要是指力量、速度、耐力、协调、柔韧、平衡、灵敏等运动素质能力。身体体能一部分来自先天，另一部分来自个体长期以来所进行的体育锻炼和其他活动。体育教学能够有效增强学生各方面素质能力，全面发展学生的身体体能，有效提高学生的运动能力。

（二）健心功能

体育运动作为促进心理健康发展的有力途径，其健心功能主要表现在以下几个方面：

1.愉悦心情，减轻心理压力

有关科学研究表明，一定的体育运动会刺激大脑内啡肽的分泌，从而间接影响人的情绪，因此也有人称内啡肽为"快乐激素"。体育运动可以刺激"快乐激素"，使人感到轻松愉悦，从而有效缓解和排遣学习或生活压力。高校体育教学注重发挥健心功能，不仅能够排解学生在学习上的紧张、焦虑、不安、抑郁等不良情绪，更有助于让学生建立良好的心理状态，让他们能在复杂多变的环境中始终保持良好的心理状态。

2.提高自我效能感

自我效能是指一个人对自己所完成的学习任务或工作能力的主观评估。简而言之，也就是人们能否运用自身能力去完成某项任务的自信程度。在体育运动中，学生必须从心理上和生理上克服困难，磨炼自己，让自己不退缩、不胆怯、不害怕，在体育运动中获得成功的体验感和肯定感，在心理上获得一定程度的认知，从而有效提升自我效能感。

3. 磨炼意志品德

在体育锻炼中，学生必须完成一定负荷量的动作或技能练习，且需要长期坚持循环练习，而这一过程能够有效培养和提升学生的意志力。此外，体育运动及体育竞赛的相关规则和秩序也有助于学生养成严格遵守纪律的良好习惯，这种规则感和秩序感一旦形成并固化为习惯和意志品德，就会有益于学生之后的工作和生活。

4. 促进人际关系

大多数体育运动都强调群体性、合作性、对抗性，如羽毛球、乒乓球、篮球、足球、排球等。学生通过这些需要沟通、交流和合作的体育运动能够增进彼此之间的人际交流，拓展人际交往空间，提升人际交往能力，促进彼此之间的人际关系。此外，当体育运动以集体形式开展时，学生在团体中会更加注重与其他成员的情感联络、协调合作、团结互助等，使自己得到更多人的认可，从而建立良好的人际关系。

（三）传播知识

教育是有组织、有计划、有目标的实践活动，是一种需要教育者将知识、技能、道德、精神、科学等传授给教育对象的行为，是人类文明的绵延与传递。对于学校教育来说，知识传播就是培养人才、传播知识技能的过程。

体育教学的教学对象是学生。体育教学是以身体活动为手段，使学生的身体素质和心理健康得到改善和提升的过程。从"教"与"学"的角度来看，体育教学更多的是一种"身体知识"的传播活动，这种身体知识从人类诞生之初就已存在，并在漫长的发展和变迁中得到传承和突破。早在远古时代，人类通过抓捕猎物维持基本生存，形成并掌握了走、跑、跳、跃、投、滚等一系列动作，这些动作经过不断演化和改造逐渐形成了各类体育运动项目，如蹴鞠、戏车、柔术、水球、赛马等。在现代社会，体育知识的传播已不仅是指某一具体运动项目的传播，同时还包括技能技巧、心理健康、意志品格等内容的传播，能够让学生掌握更为全面的体育知识,有效促进学生综合素质能力培养和发展。

(四)发展技能

体育技能是指由各种理论知识、技能技巧、身体素质相互组合形成的一种综合技术能力,如一个人的敏锐观察力、迅速反应力、良好记忆力、良好接受能力、灵活协调力等。

在远古时代,运动技能相当于生存技能,人们必须具备一定的运动技能以维持生存。而在现代体育中,运动技能对人体的要求已经改变,主要强调的是技能和技巧的提高。研究表明,适当的体育运动锻炼不仅能够有效提升身体素质,同时还能够有效培养技能技巧。

在高校体育教学中,教师在体育教学活动的开展中,应以教学内容为依据,结合自己的教学经验向学生传递理论知识和技能技巧。其中,技能技巧的提升教学的主要内容,要求教师引导学生在不断的实践过程中长期反复练习并内化知识技能。比如,在足球运动的传球技巧教学中,教师可以将传球技巧学习分为短距离传球学练和长距离传球学练两大方面展开练习,甚至可以细致到内脚背、外脚背、正脚背射球技巧学练。与其他学科不同的是,体育教学不仅要使学生对理论知识有着深刻的理解,还需要学生经过持续性、长期性的身体练习,在大脑和身体反应上形成对技术的表象反应,最终形成一种条件反射并能作出正确的动作反应,由此显著提升运动技能技巧。

二、高校体育教学的目标

(一)体育教学目标的概念

教学目标的本质是对教学活动的一种预期,是对学生在通过教学活动后所产生的变化或发展的一种目标指引。

要根据最终要达到的教学目的建立教学目标,体育教学目标的建立也是教学目的提出的预期成果,可以按照阶段性确立这个预期成果,也可以根据总目标来确立。体育教学目标既是一种预期成果,也是一种未达成成果,对最终要达到的教学成果起到一定的导向性作用,引导教师和学生为了实现目标而共同努力。

体育教学活动主要围绕体育教学目标具体开展,体育教学目标的合理性、科学性、实效性直接决定着教学过程的发挥和成效,因此对体育教学有着十分重要的作用。

(二)体育教学目标的层次

如果将体育教学目标视为一个整体,则可按照目标的大小、长远与否对其进行不同层次的划分。可以说,体育教学是由各个小目标的共同搭建,从而形成最终的总目标。一般来说,总目标等于一种超学段的体育教学目标,学段体育教学目标直属于总目标,每个学年的目标是学段体育目标之下的目标,每学年又可分为两个学期,各自对应一个目标,学期目标由不同的单元目标组成,单元目标包含一系列课时目标。

将体育教学目标划分为不同的层次后,应仔细考虑各不同层级之间的上下位层次关系及其功能特点(表1-2-1)。

表1-2-1 各层次教学目标解析

目标层次	目标功能	目标搭载文件
超学段的体育教学目标	与其他学科相对比的体育学科的定位目标	国家教学文件、体育教学论著
各学段的体育教学目标	大学、中学、小学之间相对比、相衔接的体育教学所具有的策略性目标	各学段使用的教学文件、学校体育实行的教学规划
各学年的体育教学目标	针对学生身心发展状况,在教学中需要的体育教学发展性目标	学校以及体育教研组制订实施的教学计划
各学期的体育教学目标	分割学年体育教学目标	体育教研组制订实施的教学计划
各单元的体育教学目标	依托各运动项目学习、特性制定出的教学目标	主要是各个担任教师的教学进度
各学时的体育教学目标	依据单元计划的逻辑分割出来的目标	教师的教案

（三）体育教学目标的特性

通过进一步的剖析和研究，可发现体育教学目标具有以下特点：

1. 前瞻性

教学目标是为了对教学活动的方向作出明确的导向，是以体育教学活动现状为基础所作出的预见。作为对教学活动的一种预期，它具有显著的前瞻性。

2. 曲折性

无论是在任何领域，任何目标从确立到实施再到完成都会遇到一定的阻碍，体育教学目标也同样如此。体育教学目标的实现具有曲折性，所以在确立体育教学目标时，目标设定不可过高，也不可过低。过高的体育教学目标将无法激发教师和学生的积极性，使师生信心遭受打击，目标无法完成；过低的体育教学目标对于教师和学生来说轻松易实现，难以激发学生学习的兴趣和对学习的深度钻研精神。因此，科学合理的体育教学目标对于教师和学生来说，应当是通过共同努力能够实现的。

3. 方向性

体育教学目标的设定就是为教师和学生指明教与学的方向，告诉师生教学应当达成一个什么样的学习成效，因此，体育教学目标具有明确的方向性特点。

4. 终结性

体育教学目标对教学活动要达到结果的期待，具有一定的终结性。其终结性并不是说最终的体育教学成果，而是指单个或阶段式的体育教学成果。

（四）体育教学目标的制定

1. 体育教学目标的制定依据

（1）体育目标与体育课程标准

体育课程标准是国家和教育部对课程性质的定位与要求，也是体育教学目标制定的主要依据之一。体育课程标准有利于体育课时安排，如对高校体育的课时安排通常为每周 2 节。

（2）全面发展的素质教育要求

现代体育教学的理念是向学生传授体育知识、技能技巧，增强学生体质锻炼和心理健康，培养学生道德意志品质。可以看出，学生的综合素质培养是体育教学的最终要求。因此，在制定体育教学目标时，可以根据这一要求将分析力、想象力、思维力、判断力、灵敏度、协调度，以及德、智、美等方面都纳入体育教学目标中去，依次有效培养和发展学生的综合素质。

（3）学生身心发展的特点与规律

学生是体育教学的直接对象，教学目标在制定时要考虑学生的身心发展特点与规律。例如，不同性别的学生的身心发展特点有所不同，男生肺活量的成熟时间要比女生的晚1~2年。此外，即便是同年龄段的学生，其身心发展也会有所区别，如身高和体态。

（4）学生的体育学习兴趣与需求

当前，体育教学必须充分体现学生的主体地位，在体育教学活动应考虑学生的兴趣与需求。基于学生兴趣与需求的体育教学目标能够有效激发学生对体育活动的积极主动性；同时，也可以促使教师和学生为体育教学目标和体育教学成果努力，使目标和成果更容易实现。

（5）体育教学的实际条件和可行性

体育教学的实际条件对体育教学目标的实现起约束作用，因此，体育教学目标应当根据现有的教学场所和设施器材进行目标设定，使最终的教学目标具有一定的可行性和实效性。

2.制定体育教学目标的要求

（1）层次性

从体育教学活动来看，无论是动作技术的完成还是道德情感的建立，都不可能一蹴而就，它是一个从低级到高级、从简单到复杂的过程，这种层次性是教学活动的本质规律，也是制定教学目标的基本要求。

（2）连续性

体育教学目标和体育教学成果由多个子目标搭建而成。子目标可以是多种形式的，如阶段式、学时式、单元式等，既保持独立，又相互关联，环环相扣，上一个子目标的实现衔接着下一个子目标，使最终目标顺利实现，形成一个连续性的体系。

（3）可操作性

教师制定体育教学目标就是为了顺利地完成体育教学，所以，如果最终制定出的体育教学目标已成为一种"形式主义"或"空谈"，毫无实际可操作性，那么教学目标就显得毫无意义，因此教学目标务必具有可操作性。

3. 制定体育教学目标的程序

（1）了解教学对象

学生是教学活动的主体，是教学目标实施的直接受益者。因此，教师在制定体育教学目标时，必须全面考虑学生这一主体，应深入、全面分析学生的身体素质基础、知识掌握程度、不同的学习态度、以往的学习成绩，从而制定出合理的、有针对性的体育教学目标。

（2）分析教学内容

体育教学内容是制定体育教学目标的依据，只有全面、仔细分析体育教学内容的要点和重要环节，才能在制定体育教学目标时把握关键点，实现教学内容和教学目标的无缝对接。

（3）编制教学目标

在制定一个总目标后，可以根据"单元"或"课"的具体内容进行小目标的细分，最终逐渐完成编制的教学目标。

第三节 高校体育科学化教学思想

一、高校体育教学中的人文精神

（一）人文精神

1. 人文精神的内涵

人文精神的内涵需要跟随时代进行灵活变化，其具备时代性、社会性等特性。人文精神的发展过程主要是人类精神从懵懂混沌到清晰自觉。而体育精神是人文精神在体育领域的具体表现。其中，体育人文精神不仅指向体育活动，还包括社会文化精神，对于社会文明建设具有推动作用；同时，人文精神在体育活动中可以充分地促进社会与个体的有效发展。由于体育人文是在体育精神世界进行成长和完善，具体体现在体育实践活动中，包括体育精神的需求、体育文化所展现的价值、体育尊严、文化理想化等方面，现阶段普遍体育人文精神大致分为三个阶段，分别是对于幸福和体育尊严的思想追求、对于体育本质和客观真理的追求以及体育所产生的意义和理想化的追求。

2. 人文精神特点

人文精神是保证社会不断发展的动力源泉，是体育行业文化的核心思想，是体育文化所展现出的心理变化和精神文化的总和，是现代化体育行业不可缺少的组成条件，因此，体育中的人文精神应该坚持以人为本，并且在充分了解后展现出个人文化健康的重要性。人文精神主要特点是侧重于关注人们的身体健康和精神健康，以此优化人们的生活质量和体育追求，在此基础上，体育人文精神不仅增加了体育行业和社会的综合使命感、责任心以及个人荣誉感，还增加了体育参与者的个人尊严、道德尊严以及价值情感等，对于体育行业规范行业环境起到了重要的作用。

（二）高校体育人文精神

1. 人文精神价值

对于高校体育，重视人文精神的培养可以帮助体育文化内涵的丰富，可以促使教师和学生之间在交流体育知识、技能的过程中充分地感受到体育文化带来的影响，并且学习人文精神可以促使体育技能中所包含的生理学、结构学以及心理学知识充分得以发挥，以此提升体育的普遍性和大众性。在日常体育教学中，教师将具有人文意义的资讯、各种模式的体育活动有针对地融入其中，可以最大限度地调整学生在体育学习的不良情绪，以此充实学生在学校的学习生活。高校体育教学应利用具有娱乐性质的体育活动和娱乐性质的课程设计，可以帮助学生舒缓紧张的情绪，促进学生的身心发展，因此人文精神在体育中是不可缺少的重要组成部分。高校体育应该与人文精神相结合，以此引导学生形成正确的体育意识，提高学生的意志力，并且使学生将体育文化转化为学生的日常行为，这样不仅可以帮助学生提高个人的文化素养，还可以提升学生的学习能力、交流能力以及组织能力等。

2. 人文精神内容

（1）体育教师提升人文素养

作为引导者和教授者，教师的文化素养和专业能力也需要加以规范。而体育教师是体育的组织者，体育教师的文化内涵和个人魅力会对学生产生一定的影响。在高校学生学习和练习体育科目时，体育教师应该重视对大学生综合素质的培养，在实际教学时不仅需要在体育中渗透人文精神的内容，还需要以身作则，积极提升自己的体育知识、人文文化和人格修养。在日常体育中，体育教师需要具备积极向上的体育精神，在实际课堂设计中需要针对不同层次的学生进行课程编排和目标要求，尊重学生的意愿并且充分考虑每个学生的个性、爱好和体育能力，促使在体育中课堂训练与思想结合为一体。在实际教学中，体育教师应该允许学生对于安排和内容提出合理质疑，如果质疑合理，则教师需要与学生共同探讨，积极采纳学生的建议，这对于培养学生的开创性思维起到了积极的作用。这种平等的课堂氛围有利于学生坚持自我，养成实事求是的为人处世观念，在学习人文精神时更加快速、高效。

（2）转变陈旧观念

在体育教学中，教师的作用同样重要。在日常体育教学中，体育教师不仅需要培养学生的运动能力和体育技能，还需要加强对于学生人文精神的培养，坚持以人为本的理念，面对学生需要真诚相待，时时刻刻注重人文关怀，并且引导学生提升判断善恶的能力，增强学生之间的合作能力和责任意识。在实际的体育中，体育教师应该将人文文化和人文精神放在首位，以此提升课堂中人文的比重，并且把新课改的要求作为指导指南，由于高校中人才的综合能力培养是现阶段的关键，所以，教师需要针对传统观念进行改革，根据当下社会发展的实际环境和人才的专项需求进行调整。在制定目标时，体育教师应该将人文精神的价值体现在体育课程中，比如，采取必修课和选修课相结合的方式增加人文文化在体育课程中的比重，这样安排既可以帮助体育课程展示运动时的力量感和美感，还对于学生的审美高度、人文精神存在着较大的提升作用。此外，将人文精神和体育课程有机结合，可以辅助体育过程中人文文化的体现。比如，在体育课堂上可以适当地添加体育名人的生平事迹，或者穿插普及奥林匹克的发展历史和价值存在，使学生可以快速地了解人文文化的重要性。在实际操作中，体育教师可以结合奥林匹克知识和发展历史进行总结和分析，并且让学生了解现阶段我国关于奥林匹克的成绩和光辉历史，提升学生对于体育的热情和信心。

（3）创造和谐环境

体育教师在课堂中，应该积极把握时机，引进全新的观念和方式，同时需要营造轻松和谐的环境，提升教师和学生之间的亲密程度，促进教师和学生之间形成良好关系。人文精神的融入方式不仅仅是单一、片面的知识教授，还包括师生互动。对于课堂内容来说，体育教师可以针对内容进行合理安排，组织学生进行分组，从而抛出一个体育观点和理论使得学生进行大胆的讨论，并且可以提出有效的质疑。教师可以根据学生所提出的论点和质疑进行总结、分析、判断，在切实地了解学生内心真实的想法后，与学生积极交流，以此拉近和学生之间的关系。这样可以促使学生与体育教师处在一个平等的环境中，可以让学生感受到教师的尊重和重视，从而激发学生的学习兴趣和热情。教师更应该采取多元化的方法，包括德育、心理学、身体健康和体育鉴赏等，这些方式可以快速地提高学生对于知识的吸收能力。为此，学校还可以定期举办大型的体育比赛或者娱乐竞赛，让学生充分地感觉到体育带来的活力和青春，不仅使学生获取了体育方面的知识，还帮助学生完善自身人格。

（三）高校体育发展中融入人文精神的路径

1. 注重体育文化积淀

地域并不能限制体育文化的发展，种族也无法进行限制。在各个国家、各个民族人民进行交流的过程中，体育文化起到了桥梁的作用，不同民族的学生在高校体育管理者的安排下，通过其组织开展的丰富的体育文化活动，聚在一起，共同提高身体素质，一起迈向更快更高的目标。为培养大学生在体育课堂上的主人翁意识，并进一步地强化在校大学生的体育精神意志，高校的体育工作者在体育教学的过程中要贯彻并落实好体育人文精神中的人本思想。在组织体育活动的过程中，高校体育管理者可以发扬人文精神，将人文精神渗透进去，使大学生能够在参与体育项目的过程中，感受到人文精神，加深其对体育人文精神的深刻认知。

2. 重构体育人文精神

当今社会，奉献精神是最能体现出社会责任感的。对于事业，奉献是一种全身心的投入，高校的体育文化事业要求作为一名合格的高校体育管理者，在高校的体育文化事业的发展进程中，必须将体育工作视为极具荣耀的工作，并且在工作中能感受到快乐与享受。高校体育工作者要尽最大的努力，做好每一件小事，要注重把控细节。高校体育工作者要保持昂扬向上的精神状态，面对体育工作中遇到的问题，要充满积极性。如今，信息技术发展十分迅速，高校的体育管理者、体育组织必须不断提升自身的专业素养，在教学的过程中，引导学生树立起正确的世界观、价值观、人生观，高校体育工作者要将奉献精神贯彻到高校体育工作中。

3. 重视高校体育人才培养

为了推动高校体育文化更好发展，并不断地加强体育人文精神的建设，高校体育管理者在工作中，可以多角度思考，比如从高校体育文化人才建设的角度进行思考。对高校体育管理者而言，在体育教学的过程中，要重视体育文化的传承，同时要重视体育人文精神的渗透，要不断地强化自身的责任意识、不断地提高专业素养，在帮助大学生树立体育人文精神理念的过程中，要保持积极的态度。高校大学生是体育人文精神的继承者，应该以积极的态度，踊跃参与体育文化活动，进而在活动中不断地渗透体育人文精神，强化体育人文精神。对于培养大学生的人文精神，高校体育管理者可以通过设计不同的体育活动来实现，如乒乓球、足球、羽毛球等活动。这些活动能够增强学生之间的团结协作的意识，对师生而言，还可以培养良好的师生情谊。高校体育人文精神在高校体育管理者设计的一系列体育活动中，得以渗透，也进一步得到了更为广泛的传播和发展。此外，我国的体育文化事业伴随着经济的飞速发展得到了显著发展。对于高校来说，必须抓住这个机遇，做好高校体育活动和文化的基础性建设。

二、高校体育教学中的寓教于乐思想

（一）寓教于乐思想的内涵

教育活动应该符合教育规律，同时还应该符合教育目的，这才是寓教于乐的本质；对教育来说，这也是一种美的高境界。同理，在体育教学中实施的寓教于乐应该符合体育教育的规律，同时，在体育教学中实施的寓教于乐也应该符合体育教学的目的。曲宗湖教授认为："现阶段中国学校体育仍然以增强全体学生体质，提高身心健康水平为主要目标。"[①] 当前的体育教学存在不重视学生身体发展的情况，单纯追求"快乐"的"寓教于乐"显然违背了寓教于乐的本质，不符合体育教育的有关规律和学校体育的目的。实践证明，最终造成学生身体素质的下降和学生伤害事故的增加的现象的就是这种"放羊式"的寓教于乐。实施寓教于乐应在正确把握寓教于乐的内涵的基础上，遵循寓教于乐的理论，只能把寓教于乐作为学校体育完成教学任务的方法，作为学校体育完成教学任务的手段，而不能把寓教于乐作为学校体育课的最终目的。

（二）在学校体育开展快乐体育的必要性

为了适应从应试教育到素质教育这一发展的需要，当前的学校体育不能一味注重技术技能的教学和教材、教法的研究，为了使学校体育教育与社会体育接轨，学校体育应扬弃体育学科的本位观，同时扬弃体育学科的技能观，全面实施体育素质教育，终生服务于体育。让学生能够在宽松的体育活动环境中主动、愉快地进行体育活动，为学生提供这样的环境应是学校体育的基本出发点。

（三）高校体育教学中寓教于乐思想的践行途径

运动乐趣在学生学习兴趣和生活中应起到重要作用，这也是寓教于乐体育

---

① 曲宗湖.素质教育与学校体育整体改革论文集[M].北京：人民体育出版社，2005.

教学所强调的。心理学认为，运动的动力来源于兴趣爱好，产生爱好的兴趣是因为对某种行为有快乐感。学校应提倡快乐体育，培养学生的体育兴趣和体育技能，从而使学生养成自觉地参加体育锻炼的习惯。

1. 体育教师素质的要求

教师在体育教学中的作用是举足轻重的，教师业务水平的高低直接影响学生的学习质量和学生的学习兴趣。在教学中，如果教师的讲解条理清晰、简明扼要、风趣幽默、语言生动，加之教师示范准确、协调、优美的动作，那么学生就会振奋精神，很快地领会动作要领，会带着兴趣做练习，也会更认真地进行练习。如果教师讲解含糊不清、啰唆重复，示范的动作也不够准确、协调、优美，甚至失败，那么学生的练习兴趣就会降低。因此，教师在上课前应仔细研读教材，认真地吃透教材，充分地研究每次课的练习难度，同时不断改进和创新教学方法，不断改进和创新教学手段。

2. 多手段培养学生的体育兴趣

快乐体育的教学方法是丰富多样、生动活泼的，教学内容是新颖有趣、逻辑性强的，快乐体育的教学方法可以不断地引起学生新的探究活动，从而使学生感兴趣，激发起学生更高水平的求知欲。

（1）成功教学法

要想使学生产生活动兴趣，就必须设法使他们获得成功。这是因为学生只有在学习获得成功而产生鼓舞的时候，才会产生学习兴趣。学生的求知欲会促使其努力参与并取得技能进步，成功的结果使他更加关心此项体育活动。

（2）愉快教学法

在学校体育教学中，教师应贯彻愉快教学的宗旨，愉快教学的宗旨是指在体育活动的过程中要使学生体验到欢乐，满足学生趋乐避苦的欲望，由此对体育产生兴趣。教师可以以自己的行动感染学生，可以通过充沛的情感、优雅的动作、集中的精神、熟练的技巧、有趣的语言、组织得法的体育游戏、亲近的态度来进行，在体育教学过程中建立起师生之情，用"乐教"影响学生"乐学"，体育活动内容存在苦、累、脏等，但通过"乐教"影响学生"乐学"，能防止由于存在上述因素造成学生出现"惧学"的消极心理。

（3）游戏法

设计一些游戏，这些游戏适合学生参与，并且学生乐于参与。比如，将跳绳接力赛改编为教学游戏进行课堂教学，或将现行的球类教学内容改编为教学游戏进行课堂教学。

（4）比赛法

学生好胜心强，教师可根据此特点，用个人竞赛的方法或小组竞赛的方法组织练习。比如，按照要求，创编不同风格的健美操，让学生表演。通过表演，学生不但能体会到其中的乐趣，其创造性思维和创新能力也得到了培养。

3. 激发学生参与体育活动的动机

体育活动的动机是学生参与体育活动的内在动力，体育活动的动机是选择、激发、维持并强化一定的体育活动从而导向目标的。使用以下方法可以提高学生的内在动机。

（1）目标设置

要因人、因时帮助学生设置目标，目标应符合学生的运动水平。学生的练习随着适宜的目标转化为学生内心的需要，而且经常处于学生的意识控制之下，可以提高其努力程度和动机水平。

（2）创设情景

在体育教学中，教材内容和课程标准要求是不变的，在这种情况下教师可以实施不同的教学方法，使得活动具有新意，每节课都有新的东西，学生也会有新收获，组织有新意、有创新的教法，就能满足学生求新好奇的心理；诱发学生认知的内驱力也可以通过制造问题情境来实现。

（3）积极反馈

建立教师与学生之间的沟通，学生反馈信息，教师在收到学生反馈的信息后，应及时分析学生的现状相对于体育教学目标的差距，根据分析所得结论及时调整教学方法与教学内容，并发出新的信息，指导学生进行进一步的学习，由此，通过反馈、调整、再指导、使学生体验到运动的快乐感和运动的喜悦感，因而激发学生参与运动的自觉性，也激发其参与运动的主动性。

三、高校体育教学中的终身体育思想

（一）终身体育教育理念的概述

1.终身体育教育理念的内涵

终身体育，具体是指在人在一生中都要进行身体锻炼以及接受体育教育与指导，体育健身贯穿人的一生，终身体育强调个体生命处于不同时期的体育。

"终身教育"理念是社会发展到一定阶段的产物和现象。社会发展到今天，知识更新换代越来越快，从而要求人们对知识的学习要不断跟进。在这种社会条件下，相应地，必然会产生终身教学的理念。人们必须充分认识到，虽然终身教育理念的形成与社会发展有关，但也是多因素共同作用的结果。具体分析来说，其形成有外部社会客观因素的作用，也受教育内部的一些主观因素的影响。外部因素提出了终身教育的要求，内部因素为终身教育形成提供了理论和基础，二者结合，最终形成了现在的"终身教育"理念。

终身体育是终身教育的重要组成部分：首先，个体正确认识终身体育锻炼并理解终身体育锻炼，之后个体产生内在需求，形成强烈的锻炼意识，个体自觉进行体育锻炼的动机由该意识激发，终身体育思想由此形成，必须先要树立一定的意识，才会形成内在动机，并慢慢养成良好的体育运动习惯；其次，人这一生会经历不同的阶段、时期，不管处在哪个阶段，都应该坚持身体锻炼，将体育锻炼这一良好习惯坚持到老，养成健康的体育习惯对终身体育健康发展有益，是终身体育健康发展的根本源泉。

2.终身体育教育理念的特征

（1）体育锻炼时间的终身性

终身体育教育理念关注个体的整个人生的生长发育、健康成长、养生保健，强调体育参与可使人受益终身，人应终身参与。

（2）终身体育锻炼群体的全民性

终身体育教育理念是面向整个人类的一种教育理念，不仅包括学校中的学生，还包括社会大众。在学生从学校毕业进入社会之后，体育教育依然应该得到重视。体育教育贯穿人的一生，终身体育锻炼具有全民性。体育教育是一个系统工程，在现代社会，生存发展是时代的主流，个体要生存就必须会学习、会运动和会保健；人们要想更好地生活，就要把体育与生活紧密联系在一起，积极参与体育锻炼并促进身心健康发展。因此，关于终身体育，每一个社会成员都应该重视和积极参与其中，故终身体育覆盖社会各个群体。接受终身体育的对象包括儿童、青少年、成人和老年人等。个体接受终身体育的范围包括学校体育、家庭体育和社会体育等。

（3）终身体育锻炼目的的实效性

终身体育强调通过体育参与促进个体的终身健康、全面发展，因此，终身体育的锻炼内容、方式、方法等必须与个体的生活、学习、工作等密切结合起来。

适应个人发展、社会发展是终身体育的根本着眼点。人们可以根据自身条件合理选择适合自己的体育方式，以此来改善自己的生活质量，做到有的放矢，具有较强的针对性和实效性，有助于促进运动者的全面发展和终身发展。

3.终身体育与学校体育的关系

（1）终身体育与学校体育的相同点

共同的体育目标——育人。健康的身体是工作、学习、生活的基本保障，是人们参与现代化建设的前提条件。终身体育有机融合了身体锻炼、工作及生活，提倡终身坚持体育锻炼。学校体育教学的目的主要是培养德智体全面发展的人才，提高学生的身体素质、心理素质及智力，促进社会适应能力的全面发展。

共同的体育手段——身体锻炼。终身体育强调个体应养成终身参与体育锻炼的习惯，个体在人生的每一个阶段都应积极参与体育健身锻炼。体育教学以学生的身体练习为主要教学手段，旨在通过学生的各种体育活动参与促进学生的体能、技能、心理、智能的发展。

共同的体育任务——掌握体育知识和技术，提高运动能力。作为个体参与体育锻炼的重要基础，掌握体育知识与技术也是学校体育的重要教学目标与任务，学校体育教学是终身体育教育的一个重要阶段，离开这个阶段的体育教育，终身体育就不可能实现发展，学校体育教育应与终身体育教育充分结合起来。

（2）终身体育与学校体育的区别

体育参与时限不同——终身体育贯穿人的一生，学校体育只负责学生在校期间的体育教育。

体育教育对象不同——终身体育以全社会所有成员为教育对象，学校体育以在校学生为教育对象。

终身体育的建立与形成与学校体育教学的发展有着极为密切的关系。对个人而言，终身体育由相互影响、相互联系的学校体育、社区体育、家庭体育组成，并要求学校、家庭、社区开展体育活动，提供个体参加体育活动的机会。终身体育贯穿人的一生。对社会而言，终身体育是全体国民的体育。终身体育追求的最高目标是实现终身体育与学校体育二者的统一。

（二）终身体育教育理念在我国高校体育教育中的实际应用

终身体育教育理念的形成能有效促进我国体育教学的发展进步。作为我国高校体育教学目标改革的指导思想，树立终身体育教育教学理念也是我国高校体育教学发展的落脚点。终身体育能否实现，在很大程度上取决于这种观念是否树立和能力是否形成。

1. 学生终身体育思想的培养

人们参与运动并坚持长期从事体育锻炼，首先应对终身体育教育理念有一个正确的认识，在此基础上，才能建立和培养终身体育教育理念。

就当前整个社会发展背景来讲，现代社会生活节奏越来越快、竞争越来越激烈，每个人都面临着来自各方面的压力。而人的健康生存与发展是以健康的身体为基础和前提的，如果身体状况不理想，则个体就很难应对学习、生活和工作中的问题，即便可以勉强应对，也不会过上高质量的生活。

终身体育锻炼可以增强个体适应、抗击压力的能力。只有充分认识到这一点，个体才会主动去参与体育锻炼，这种科学的体育认知与体育情感共同决定着体育行为。

在体育教学中，对于学生来说，要想树立终身体育的观念，教师必须正确引导学生科学地认识体育的价值并理解体育的价值，学生学习体育的态度应端正,学生要努力掌握体育锻炼的技能,掌握体育锻炼效果评价的方法,形成终身体育能力,为终身体育锻炼奠定基础。

2. 终身体育教学内容的设置

高校体育教学不能只追求学生某一特定的运动技能和运动的熟练程度,还要重视学生能否学会分析自身的身体锻炼和综合的运动实践能力,加强对学生终身体育意识与运动能力的培养,并以此为核心来对体育课程进行多功能和综合性的开发。具体来说,就是要求学校体育课堂教育的延伸与拓展,使学校体育向终身体育延伸。一方面,在设置体育课程目标时,要客观评估学生体能、身体素质及其对体育知识和技能的掌握情况。在实施目标教学前,教师应充分了解与分析学生的现状,以体育课程终身体育教学目标为导向组织体育教学。另一方面,在选用体育课程内容时,应重视对休闲体育项目、时尚体育项目的引进,开展能够激发学生体育兴趣和潜能,调动学生体育积极性和创造性的新兴项目,如健美操、瑜伽、体育舞蹈、网球、跆拳道等,使学生在轻松、愉悦的氛围中掌握体育技能,切实提高学生的实际运动能力。

3. 终身体育教学方法的运用

要在现代体育教学中,贯彻落实终身体育的关键是学生体育学习兴趣的持续培养与提高。在体育教学中,教师应采取科学有效、富有创新的教学方法展开教学工作;在教学过程中,注重采用多元化的教法,争取每节课都取得良好的成效,能够以不同学龄段学生的情况为依据有针对性地选择相应的教学方法,以不断活跃课堂气氛,使学生在欢乐气氛中形成体育兴趣,同时,有效避免教学中的一些因素对学生的阻碍,使学生在体育锻炼中感受快乐,树立自信,增强体育意识,全面提高学生的认知能力、技能水平,使学生获得良好的情感体验,进而主动参与体育锻炼。

4. 学生需求与社会需求的统一

终身体育教育理念是体育教育教学的一个重要指导思想,对于充分发挥体育的教育作用,促进学生的身心健康发展、社会适应能力的提高,满足当代社会对人才发展的需求具有重要作用。社会劳动力由不同年龄段的人构成,只有使身体保持在最佳的状态,才能更好地适应现代社会发展的需要,所以应在不同的人生阶段选择不同的锻炼方式和内容。个体无论在何年龄段、何种职业，都面临着选择，以保证自己有更加充沛的精力，身体更加健康，以便更好地适应现代社会的发展以及满足未来生活的需要，而这种伴随人生一起发展的体育就是终身体育。

学校是培养社会所需人才的重要场所，而无论何种人才都必须首先拥有一个健康的身体，因此，高校体育教育应该重视把国家需要、社会需要与学生个体需要有机结合起来，把追求体育的健身价值与人文价值有机结合起来，把传授体育知识技能与终身体育教育有机结合起来，全面提高大学生的体育素养，促进大学生的终身体育能力的提高，以符合社会发展对人才的体质、体能要求。

在这里需要特别指出的一点是，学生的终身体育发展为满足社会对人才的需求奠定了基本人才素质基础，但学校体育教育是多方面的，不能单纯为社会需求发展服务，还应充分考虑"以人为本""健康第一"。此外，终身体育教育建立在"学会认知、学会做事、学会共同生活和学会生存"四个支柱之上，贯彻落实终身体育教育，必须加强同社会各教育机构组织的联系，创设由社会整体参与的终身体育教育环境。

第二章 高校体育教学的创新研究

本章主要阐述高校体育教学的创新研究,分为高校体育教学中的德育教育、高校体育教学对学生创造力的培养和开发、高校体育对大学生心理健康的影响三节。

第一节 高校体育教学中的德育教育

德育作为学校教育的重要构成部分,在高校体育教学中必须给予加强,既是提升体育教学质量的必然要求,也是实现素质教育的必然要求。体育教师应该以大学生在体育课程中表现出来的情感、个性、意志等特点为出发点,遵循其产生以及发展的规律,在人才培养的各个环节,科学、有效地渗透德育。

一、德育在高校体育人才培养中的重要性

(一)培养集体主义精神

集体合作是体育活动最突出的特点,因为大部分的体育项目都需要人与人之间进行合作,只有团队中的成员团结起来共同为了体育活动的开展而努力,才能够实现较好的体育活动效果。如果团队中的有些成员只关注自己的情绪,只从个人的角度开展体育活动,那么其他成员也会受到这种想法的影响。所以,为了能够让德育教育渗透进高校的体育教学活动中,要让学生在深刻理解个人和集体利益关系的基础上,正确处理两者之间的关系。在进行高校的体育教学活动时,将德育教育融合进教学活动中,不仅可以培养学生的集体荣誉感,还能够培养学生的团队精神。大学生在体育活动中的相互配合,不仅能够促使高校体育教学活动的顺利开展,还能够提高学生个人的能力。

（二）提高实践能力

高校体育教育的活动为学生提供了锻炼的机会，学生能够在体育活动中培养独立意识，提高创新的能力，并形成在实践中求真知的习惯，从而提高学生的生活和学习能力。大学生不仅需要掌握丰富的理论基础知识，还应该成为计划的有力执行者。德育的教育活动能够为体育教学的发展提供指引，实现对学生个人能力的培养与提高，最终使他们成为具有专业知识和专业能力的高素质人才，满足社会发展的需要。

（三）锻炼心理素质

在实际的高校体育教学活动中，教师会发现大部分的大学生必须进行重复性的训练，才能够产生实际的训练效果，于是学生的耐力和韧性也在重复性的练习中得到了提高，相应的，学生的心理承受水平也得到了提高，使德育教育在高校体育教学的过程中的开展能够取得较好的成效。与传统的德育教育不同，体育实践教育脱离了教室封闭的环境，使学生的心情得到了改善，心理素质的锻炼也有了环境的保障，因此，学生在这种条件下能够改善自身学习态度、提升自身学习认知水平，进而提升学习的质量和积极性。

（四）优化竞争意识

体育运动的一个突出特点就是具有较强的对抗性，对抗性训练在体育教学过程中是比较常见的，如果学生的竞争意识出现了变化，单纯追求胜利的结果，那么在比赛的过程中，学生可能就会出现不择手段的现象，从而与其他学生产生肢体上的冲突，正确的竞争意识也就无从谈起了。德育教育活动的开展能够促进学生激发竞争意识，并使学生树立正向的竞争意识，也就是促进学生开展积极的竞争活动。在接受了德育教育之后，学生能够从比赛的过程出发，而不单纯重视比赛的结果，从而更加重视竞争的过程，努力提高技能和知识水平，积极参与高校体育教学活动，教学的目的也就达到了。除此之外，德育教育还能够培养学生尊重体育的精神，在体育活动中尊重对手、尊重比赛，与同学的友好关系要比比赛的输赢更加重要，这样就能够促进学生竞争意识的优化。

（五）维护健康发展

学生步入大学后，生活环境、学习氛围、生理和心理都会产生变化，这一时期正是培养学生正确人生观、世界观和价值观的黄金时期。在当前社会快速发展的背景下，我国已经步入信息化时代，学生通过电视、计算机和手机可以及时获取各种信息，这些信息会对学生的价值观念产生巨大冲击。学生的个人发展需求也在不断地发生变化，传统的德育教育模式和手段已经过时，简单化、教条式的德育授课方式难以深入学生心理，这凸显出开展专业、有效的德育工作的重要性。德育渗透教育是最有效的德育教学方法之一，在高校体育教学中开展德育渗透教育会起到事半功倍的教育效果。高校体育教师应重视体育教学中的德育教育工作，自觉增强育人意识，迎合社会发展要求，将德育渗透教育有机融入实际教学工作中。

（六）拓展教学渠道

学校的核心功能是教书育人，学校教育的根本任务是培养符合社会发展需要的人才，其中德育教学工作尤为关键。在高校体育教学工作中落实德育渗透教育可以有效拓展德育教学渠道，为体育教学工作提供多样化的方法和手段，激发学生的学习兴趣，使学生在体育课堂学习中收获认同感和成就感，自觉进行探究学习，取得良好的学习效果。

（七）顺应新课程改革要求

体育课程是高校教学的必修课程之一。但长久以来，体育课程教学形式较为固化，教学侧重点以掌握专项技术动作要领为主，忽略了体育学科中所具备的价值观念和精神态度教育。在高校体育教学中渗透德育教育符合新课程改革提出的要求，有利于实现知识与技能、过程与方法、情感态度与价值观的具体教学目标。所以，德育应该在体育教学工作的过程中体现出来，将体育教学与思想品德教育相互融合，引导学生健康成长，最终实现全面育人目标。

二、德育在高校体育教育中的渗透路径

（一）结合教材特点

理论和实践是高校体育教育教材的主要内容。在开展理论教学的工作时，教师要关注学生思想方面的成长，并将学生个人体育能力、体质的增强和国家的经济发展结合在一起，同时提升学生进行体育锻炼的主观能动性。在讲授理论时，教师可以将中国体育事业的发展过程融入课堂内容中，从而提升学生在课堂中的注意力。

在高校体育教学中，实践教学是最重要的内容，教师应该将讲解的内容覆盖体育运动的所有种类，并且与时俱进，寻找体育运动发展的流行趋势，提升学生对课堂内容的兴趣。在讲解的过程中，教师需要将课堂的知识与德育教育有机结合。比如，灵活地使用语言讲解的方法，将长跑的耐力解释为提升学生的抗压心理能力；接力跑步活动可以增强学生的团结意识以及集体主义精神；体操运动能够提升学生奋勇拼搏的精神境界；球类的运动也需要培养学生的团结合作能力，促进学生关系的改善；韵律操可以培养学生的欣赏水平，提升学生的审美能力等。

（二）分析课堂常规

高校体育教学也不能够忽视课堂教育的作用，因为德育需要体现在课堂的传统讲述中。教师在进行课堂教育时，需要将德育的基本内容与体育课的内容结合起来，并总结出德育与体育联系的特点。比如，严格要求学生进行课堂的问好，培养学生对长辈的尊重以及文明礼节。教师要明确考勤制度并严格落实，让学生形成时间意识，提高学生上课的自我紧张性，从学生的思想上要求其行为。教师应该重视对学生安全意识的培养，安全教育也是德育教育的一部分内容，学生如果具备了一定的安全意识，就可以保护自己，安全地进行体育锻炼。

（三）结合体育课考核

学生考试的成绩结果反映了学生的日常学习情况。在德育教育的渗透过程中，教师可以将德育的内容与体育课的成绩结果挂钩，让学生更加重视公平的

作用，自觉抵制考试中出现的作弊现象。比如，在短跑的测试或者考试中，教师可以向学生强调起跑时间的规范和重要性。学生不能够抢跑，也不能够出现违背体育精神的现象，在教师的要求下，会慢慢开始严于律己，逐步提升自己的思想道德水平。教师要对道德品质较为优秀的学生进行表扬，并教育其他学生严格要求自己，考核的结果不仅要看考试成绩，还应该与道德水平相结合。对于考试成绩较差的学生，教师要进行适当的鼓励，并帮助学生进行心态上调整和技术上的提升，使得学生能够客观地看待成绩上的落后，提升学生的心理素质水平。

（四）提高德育渗透意识

教师要具有较强的德育渗透意识，德育教育意识是体育教学工作得以开展的基础。教师要善于融入学生群体中，了解学生的实际情况和个性化需求，采用多样化手段和方法进行德育渗透教育，提升教学的互动性和趣味性，在"润物无声"的过程中实现德育渗透教育，有效提高学生的思想道德素质。体育和德育两者相互融合的教育方式能让学生减少逆反心理，使学生在体育活动中潜移默化地接受德育教育的洗礼与熏陶，提升学习的实效性，因此更加受到学生的欢迎和喜爱。

（五）发挥学生主体地位

在高校体育教学工作中，教师应对自己进行准确定位，发挥出自己所具备的角色优势。教师是教学内容和教学节奏的掌控者，要实现德育渗透教育，教师需要充分发挥课堂主导作用，控制课堂教学节奏，引导学生积极思考，开展探究式学习，发挥学生的主体地位，坚持以人为本、以学生为主体的教学思维，为学生考虑，为学生的个人发展努力，掌握学生心理情况和个性特征，根据学生实际情况进行具有针对性的专业知识授课，在潜移默化中进行德育渗透教育，逐步提升学生的道德品质和道德情操。例如，在教授篮球三步上篮技术时，教师应先示范讲解相关动作要领，再将学生分组进行探究学习，诸如合球时机、跨步距离、起跳高度等细节问题，则应给予学生更多的思考时间，鼓励学生进行实践练习，注重吃苦耐劳意志品质的培养；持续观察学生的学习进度，并适时加以引导，让学生学有所获、学有所乐，既掌握了技术动作要领，又培养了良好意志品质，逐步实现全面发展。

（六）积极开展课外活动

教师开展高校体育教学工作时应注重理论知识和实践工作的相互融合，应组织开展丰富多样的课外活动，激励学生积极参与，帮助学生在课外实践活动中获得良好的学习体验，逐步提升素质。课外活动是体育课堂教学的延伸和补充，在课外活动中进行德育渗透教育的重要性不言而喻。当前可供选择的体育课外活动类型众多，教师应营造课外活动良好的学习氛围，使学生乐于在课外活动中自觉学习和实践，养成良好品质，塑造自我个性，具备积极的学习态度和良好的思想道德素质，最终提升社会适应能力。教师应将学生的实际情况和个性化需求作为德育渗透契机，科学、合理地设计课外活动，有效地进行德育渗透教育。此外，教师在设计体育课外活动时要充分了解学生，综合考虑学生的身心特点，强化课程目标，激发学生的参与热情，使学生树立终身体育的意识，帮助学生培养团队协作能力和良好心理品质。

（七）培养集体主义情感

在高校体育教学中渗透德育教育，需要教师注重培养学生的集体主义观念，使学生乐于在集体中学习，通过集体的力量，帮助学生逐步养成良好的行为习惯，并使学生注重在集体环境中发挥优势、体现独特价值。高校体育教学工作的开展要始终坚持以教师为主导、以学生为主体，在授课过程中渗透集体主义精神，引导学生积极、主动地参与课堂练习。例如，在开展篮球教学时经常会出现场地器材不足、课后器材不归还等问题，以小组轮流负责的方式能让每一位学生感受到集体的力量，使学生养成主动关心集体、关心他人的意识。同时，要让学生学会正确处理个人和集体之间的关系，例如，在篮球比赛中，要使学生明确篮球运动是一项集体运动，需要场上队员之间紧密配合，如果队员之间缺少默契配合，则必然无法取得比赛胜利。除此之外，还要注重培养学生的责任感，例如，在足球比赛中，场上每一位队员都有着明确的分工和不同的职责，需要每一位队员积极承担起自己的职责，努力做好进攻和防守，帮助集体取得比赛胜利。

（八）磨炼良好的意志品质

良好的意志品质主要体现为学生所具备的自觉性、自制力和坚韧性。良好的意志品质会对学生的生理、心理活动和各种实践行为产生重要影响，会鼓励学生始终向着既定方向不断努力，促进学生的发展和进步。因此，高校体育教学工作应把积极进取、坚韧不拔等良好意志品质融入其中，锤炼学生的意志。另外，还要培养学生的自信心和执行力，使学生在面对复杂情况时，能快速作出正确反应，如在激烈的篮球比赛中，对手每次紧逼防守都会向进攻队员提出严峻考验，如果队员在进攻中优柔寡断，畏首畏尾，则有可能输掉整场比赛，因此，应注重培养学生自信、勇敢、果断的意志品质。与此同时，还要注重培养学生顽强拼搏的意志，在体育比赛中，在参赛双方实力相当的情况下，比赛最终所考验的正是顽强的意志和坚定的信念。此时，教师应将比赛作为契机进行德育渗透教育，将在比赛中培养学生顽强拼搏的意志品质作为教学重点，队员只有具备顽强拼搏的意志和坚韧不拔的品质，才能获得最后的胜利。

三、德育在体育教学中的方法

（一）表率示范法

这一方法主要是通过教师的自我表率作用对学生进行道德行为上的引导。教师是学生的榜样，教师的所作所为直接影响学生的思想和行为，因此表率示范法能够在实践中取得较好的效果。高校体育教师能够在室外的环境中进行知识的传授，这使学生的思维较为开阔，在这时进行示范作用是非常有效的。教师必须从自身道德水平的提升上做起，让学生感受榜样的作用，并以此提升学生的道德素养。教师还应该使用正确和规范化的教学动作以及教学的语言，让学生在良好的氛围中提升道德素养。

（二）爱心感化法

"教育"二字中的"教"和"育"具有平等重要的地位。教师应该发自内心地关心和爱护学生，这种德育教学方法的效果是最好的。学生的情绪也会受到教师情绪的感染，学生在教师情感的鼓舞之下也会逐步提升并完善自己。

（三）把握时机法

在体育教学中开展德育教育，教师要注意把握学生的行为和思想变化。在体育课程的教学过程中，教师要关注学生个体化的特点，并结合适当的时机对学生进行德育方面的教育，需要从学生的不同表现中发现学生的行为和思想特点，从而对学生开展具体的道德教育，实现纠正学生不恰当行为的目的。

第二节　高校体育教学对学生创造力的培养和开发

高校体育教学的指导思想随着社会的发展发生了较大的变化，为了更好地适应社会环境的变化以及教育的发展，教师需要从具有创新性的观点出发，提升高校教育的成效；在教育培养目标的指引下，实现高校体育观念的转变，从过去的"终结体育""阶段性体育"逐渐过渡到"终身健康体育""终身体育"的思想。在这种转变的目标之下，高校的体育教学也应该为了培养身体健康、具有创造性精神的人才而努力。高校体育教学的工作重点也就变成培养学生的创造性思维。

创新和创造力是相同的。创造力是社会发展的根本动力，也能够培养民族的人才，只有实现了教育的创新，知识的创新才能够成为可能。当前体育教学工作的重点就是将体育教育与创新教育结合起来。

一、创造力与高校体育教育的关系

创新是一个民族进步的灵魂，是一个民族及整个人类社会兴旺发达之不竭动力。创新是指通过科学研究不断地创造新的科学知识和新的生产技术，并为人类社会的文明进步创造有价值的、前所未有的物质产品或精神产品。创新能力是指反映创新主体行为技巧的动作行为，也就是要把创新意识、思维转化为物质产品或精神产品的实践能力。创新能力的培养要靠创新的学习，最终要靠创新的教育，教育是知识创新传播和应用的主要基地，是培养创新精神和创新人才的摇篮，肩负着培养民族精神和培养创新人才的特殊使命。体育是教育的重要组成部分，因此体育教学应重视学生创新能力的培养。现代高校培养学生的创新能力要求从以往的"技能教育"转变到"发展基本活动能力"的指导思想。创新能力不但要求学生完成"模仿性练习"，还要求学生在练习过程中产生新的想法，充分发挥"创新潜能"，从而进一步培养和激发创造性思维。素质教育重视开发学生的智慧潜能，绝不是把学生看成知识的接收器，所以说，离开了创新能力的培养和发展，就不能有真正意义上的素质教育。培养学生创新能力是素质教育核心之所在，更是未来社会知识经济发展对人才的需要。

所谓创造力，就是根据有关创造性发展的原理，运用科学性、艺术性的教学方法，培养学生的创造意识、创造能力和健康个性，造就创造性人才的一种新型教学方法。人的创造力是在长期的实践活动中培养和锻炼得来的，受社会环境等因素的影响，教育是其中最重要的因素。高校体育教学作为教育的重要组成部分，对培养学生的创造力有其得天独厚的优势。人的创造力与认知风格之间有着十分密切的关系，倾向于分析性和逻辑性的被称为"左脑功能"性认知，而倾向于视—空形象性的非逻辑性的则被称为"右脑功能"性认知。科学研究表明，右脑与人的创造能力呈正相关。体育的最大特点是充分利用各种感觉器官，在一定的时空内学习体育动作技术。完成这些技术动作需要敏锐的观察力、良好的记忆力和注意力、丰富的想象力和顽强的意志力，这些恰恰是由右脑的认知来完成的，这给我们充分利用体育教学挖掘学生创造性思维的潜力提供了科学的基础。创造力教育已经成为提高素质教育的手段，而高校体育教育如何与创造力相结合呢？高校体育教育为学生提供了独特的、开阔的学习和活动环境及充分观察、思维、操作、实践的表现机会，具有其他学科无法比拟的创新优势。因此，高校体育教育与创造力教育的关系就是体育活动通过它所具有的社会环境和特有的功能，通过教育的过程来培养人的创造力个性、开发人的创新智能。要真正体现现代体育课堂教学中创造力教育的应用，体育教师必须具备一定的创造力的能力，才能培养出优秀的创新人才。教师要在体育教育中利用创造力教育存在的潜力开拓创新意识，培养创新精神，培养创新思维，培养创造能力，从而增强个性培养。

二、培养高校学生的创新精神方法

（一）改革高校传统的教学模式实，施多样化教学

长期以来，传统的高校体育教学模式禁锢着各类体育教研人员一味地遵循着"讲解—示范—分组练习—巡回指导—总结评价"的教学模式，这种以教材为中心，将教材比作"图纸"，力求把学生加工成"标准件"的教学目标单一，组织形式死板，忽视了个体差异，与当前素质教育背向而驰，不利于学生的创新能力的培养。这就要求教师转变体育教学观念，追求从被动学习到主动学习；追求从生理改造到终身体育意识的培养，追求从学会到会学水平的提高的教学理念。美国学者罗杰斯认为：当学生以自我批评和自我评价为依据，把他人评价放在次要地位时，独立性、创造性和自主性就会得到促进。[1] 教师在教学中发现学生提出的一些奇特问题时，不应忽视，而应鼓励他们质疑，引导他们标新立异，巧妙引导学生创造性地学习、创造性地思考问题。学生要创造性地解决问题，构建一套思维活跃的，具有创新功能的高校体育教育模式，如目前试行的"快乐体育""成功体育""小团体体育"等。

（二）改变高校体育旧的教学方法

培养学生的创造性思维是一个渐进的过程，高校体育教师应根据不同的教学对象、不同的教学内容，采用不同的教学方法，充分利用体育教学的优势，多渠道启迪学生的思维，培养学生的创造精神。经过长期的探索，笔者总结出以下两种行之有效的教学方法：

1. 利用现代教学手段辅助教学

多媒体技术在体育课中的作用是显而易见的，比如，对于一个蹲踞式跳远

---

[1] 卡尔·罗杰斯. 论人的成长 [M]. 石孟磊, 译. 北京：世界图书北京出版公司, 2015.

动作的分解示范，任何一个体育老师也不可能"逐帧"慢动作完成；而运用计算机就使这些动作变简单了，不但可以使学生观看到各种不同难度规格的技术示范和逐帧分解示范，还可以把学生的技术数据采集到计算机中与正确的技术"重叠"比较，便于教师纠正和改进学生的技术。而这仅仅是计算机在体育教学上运用的一部分，它更以其生动形象的图形、多媒体动画、声光技术，以及高速的数据处理能力和智能化软件，深深地吸引住学生，并且通过学生主动的参与，使教师的教和学生的学融为一体，不仅强化了课堂的教学效果，同时提高了学生的动手能力。运用网络技术，学生可以自主地从网络中获取知识和开阔视野，还可以与天南海北的朋友和有关方面的专家共同讨论，对发展学生的创造性思维也是大有好处的。

2. 让学生充分发挥主观能动性

高校体育课在准备操、游戏、舞蹈等项目的教学过程中，可以让学生尝试自编自导的方法，教师可以教给学生基本的动作。在学生掌握了一定的动作基础上，再教给学生介绍创编的规律和生理要求等，然后要求学生充分发挥主观能动性作用，让他们分小组或个人自行创作，积极鼓励学生为大家演示，及时进行表扬，并指出他们的独创性和新颖性。这样，学生的学习积极性就会很高，课堂气氛也会很活跃，而且学生的表达能力和团结协作精神也得到了锻炼和提高。这样的自主创新活动无疑会促进学生创造力和思维能力的提高。

（三）发挥高校体育教育的优势

高校体育对创造能力的培养，不但具有学科优势，还有更广泛的空间和氛围。因此，体育教师在传授知识和技能的同时应充分发挥体育的育体、促智、审美、益智等多功能的教育性，激发学生的创造力激情。例如，在体育课堂教学中，教师在示范某个新的动作时，有的学生跃跃欲试，迫不及待地去做动作；有的学生心里想去练，但没有行动，这种学生就会很被动。教师应清楚认识到学生表面在逃避，应让每个学生体会运动的乐趣，并及时给予鼓励，这样才会让学生去思索和创新。又例如，在练习前滚翻和后滚翻时呈圆形摆放体操垫，这样，学生做前滚翻时如葵花向阳，做后滚翻时如百花齐放。只要教师根据教学内容，精心设计场地，就能激发学生的学习兴趣，唤起学生的创新激情。

（四）重视在体育教育中加强高校学生的智力开发

智力是认识能力和实践能力的总和。较为统一的认识是：智力是人脑功能的表现，是人的观察、记忆、想象、思维等心理活动多种能力的综合表现。人的智力发展虽然主要依靠智育来完成，但个体发育智力的器官机能却有赖于体育活动。在教学中，教师要利用图解观察、在练习中因势利导，启发学生的思维。例如，要让学生了解如何跑得快、跳得高，应懂得人体运动的基本规律和人体的形态结构，从而使学生选择跑步、弹跳的最合理姿势和用力的科学方法。教师要为教与学的双边活动创造有利条件。在进行讲解示范和辅导时，教师在每个教学环节上应注意启发学生的思维，开发学生的智力，使学生在整个教学活动过程积极开动脑筋，把所学的知识变成感知，加深理解，从而获得学习上迁移和反馈的积极作用。在创造力教育中，教师应重视调动学生的主动性和创造性，开发学生的智力，促使学生由"要我学"转变为"我要学"，从而迸发出极大的学习热情，从而处于主动学习的最佳状态。

（五）改变"接受教育"观念，实施创新教育

1. 把学生视为一个个创造的完整的个体

必须改革以往传统的学生被动型、教师灌输型的教育观念，实施创新教育。创新教育是由"接受教育"发展而来的，以继承为基础，以发展为目的核心，追求从"知识"转向"发展"，从"继承"转向"创新"。体育教育是高校教育工作的一个组成部分，是人才培养工作不可或缺的环节，其教育本体可概括为教育思想观念、教学工作和教学制度三个主要层面，要实现创新，就必须以创新教育思想观念为先导、以创新教育工作为核心、以创新教育制度为保障，并将三者有机结合，整体推进，从而使高校体育在培养素质人才中的作用得到充分发挥。

体育创新教育是指以学生的创新精神和创新能力培养为核心价值取向的、有利于受教育者创新个性和创新能力自由全面发展的体育教育教学实践。它主要涉及大、中、小学体育与健康课程及体育专业教育两个领域，同时满足健康、实用、可持续发展和个性发展等多方面的价值要求。在教育思想观念或教育哲学层面去理解体育创新教育，体育创新教育应该是以人为本的"全人教育""整体教育"，是以培养全面发展的创新型人才为目标的教育，也是从守成性教育、"技能训练"式教育、维持性教育到创新性教育的转向。一种以每个人的高度社会责任感、合作意识、协商态度为基础的，以每一个人的充分、自由发展与独立自主为前提的学习共同体，将成为体育创新教育活动的基本形式。

学生是以个体存在的，也就是说，学生的存在有其独特性。不管是相对于成年人还是同龄人，每个学生都有自己的内心世界、精神生活和内在感受，有着自己的观察问题、思考和解决问题的方式。因此，我们应该把学生看成一个完整的人。在体育教学过程中，作为完整的人存在的学生，不仅具有完整的人格力量和智慧力量，而且掌握、体验着整个教学过程。在这个过程中，学生的学习不仅是对于知识和技能的掌握，还伴随着交往、选择、追求、意志努力和喜怒哀乐的过程，是学生整个内心世界的体验过程。每个学生的独特性是其个性完善和形成的内在源泉，也是教育追求的目标。

2. 确立学生的主体地位

教师要相信学生的创造力和能力，要让学生参与教学的设计和评价。在教学过程中，教师应该观察学生不同的主体性特征，了解学生不同的主体性特征的表现形式，使自己识别学生的主体性的能力得到提高。体育教学要为完成学生的主体结构而服务。学生主体结构的发展是通过教育活动来实现的。结构决定功能，体育教学只有不断发展和完善学生的主体结构，才能不断完善学生的主体地位，使学生的综合能力得到不断提高。因此，要改变传统的教法，建立创新性的体育课堂教学，就要转变观念，确立学生的主体地位。教师应在体育教学中给予学生自由发挥、大胆创造的广阔空间，并对学生的创造欲望给予保护。只有这样，才能使学生具有创新的意识。

（六）运用体育创新课程，培养学生创新精神

创新性教学方法是指创设问题的情境以及民主、宽松的心理氛围，培养学生的创新意识、创新能力，训练学生的创造思维，使学生通过各种体育活动提高发现问题、分析问题、解决问题的能力，挖掘学生的创造潜能，开发学生的创新能力，开展创新性教学活动。体育创新实践能力是学生主体性在体育教学中得以充分发挥的结果，是促使学生获得创新性体育和健康知识、技能的创造性心理特征，也是一种综合性能力。

1. 改变教学形式，提高学习兴趣

创新学习能力的培养离不开形式多样、切合实际和符合学习规律的课堂教学，而课堂教学是创新学习的主渠道。教学形式的改变，不仅可以满足学生的好奇的心理需要，还可以提高学生学习的主动性和学习的兴趣。在体育教学中，学生所表现出来的兴趣是不同的，大多数是偏向自己喜欢的活动项目。大部分学生的体育意识不是很强，对体育锻炼没有明确的目标，大都是为了玩而学。因此，不同的学习兴趣在体育教学中的心理反映和教学效果是不一样的。所以，教学形式的改变以及提高学生学习兴趣是非常重要的。因此，教师应采用多种方式和手段启发和激发学生形成强烈的求知欲和浓厚的学习兴趣，把激发学生学习兴趣贯穿教学全过程。教学过程中，教师应围绕教学目标创设新奇的问题情景，促使学生不断产生兴趣；要根据高校体育的教学特点，大力推行讨论式、启发式、探究式教学，将知识传授与素质提高、能力培养紧密结合，最大限度地发挥学生的创造性，培养学生的创新思维和创新能力，同时要加强对学生学习方法和练习方法的指导，培养和提高学生自学、自练的习惯和能力。

2. 合理安排运动强度，淡化技术动作，培养自主求知意识

体育课以身体练习为主，学生消耗的体力较大，容易疲劳，产生抑制。在当前学生学习压力大、运动明显不足的情况下，适宜的运动负荷才能使学生产生运动乐趣，提高学生对体育课的兴趣。如果过分地强调技术动作，则会给学生造成心理压力。因此，体育教师必须树立科学的体育观，用科学的方法引导学生进行体育锻炼。体育课区别于其他的文化课的最大特征就是必须承受一定的运动负荷。只有承受一定的运动负荷才能实现增强体质的作用，但是，运动负荷必须有一定的"度"，既不能过度也不能过量。如果要达到最佳的教学效果，课程的运动负荷必须适当，否则就会影响学生的健康和学习。

3. 创设情景，让学生模仿、创造并培养其主体意识

体育情景教学模式是指教师根据教学内容和学生的实际，通过设置相关的故事情节、场地器材和情感氛围，提高学生的学习情趣。体育教学必须实现角色的转变，教师应由以前的"权威"向"导演"转变，构建新型的师生合作关系，只有这样才能改变传统的教学模式。此外，教师要注重学生的个性发展，改变以往对全部学生采用同样的教学方法的教学方式，要重视研究学生的群体发展，在保证学生全面发展的基础上突出发挥学生的特长，做到因材施教。

4. 让学生自编动作，培养其实践能力和创新能力

教师应针对学生的生理、心理特点，依据教学基本要求，运用各种新颖的教学形式和手段，通过课堂教学使学生的良好个性心理特征得到充分的表现。教学应注意让学生根据自己的主观愿望，运用自己已经获得的基本知识来进行锻炼，并鼓励学生发挥自己的聪明才智自己创编。

（七）改变评价方式，建立新型评价制度

在以往的体育教学和评价过程中，一般都是由体育教师来做小结和评价体育课教学内容完成的情况，学生很少有进行自我评价的机会。随着新课程的试行，学生在学习过程中不仅要主动、自觉地学习，还要参与教学，要学会评价同学的学习情况。只有这样，学生才能对学习情况有更加客观、理性的认识。学生的学习评价可采用学生自评、学生互评和教师评定等方式进行，评价的结果必须与学生评优奖励和毕业结业挂钩，以形成学生参加体育学习和活动的激励约束机制。

三、重视在体育教学中培养大学生的创新思维

创造性意识产生的最基本的要求是思维的活跃性。在体育课堂教学中，教师在钻研教材设计教案时，要从有利于培养学生创造力的角度考虑，积极挖掘教材中的创造性因素，诱发学生的创造力思维。由于学生个性差异很大，教师要因人而异，引导学生大胆质疑，鼓励学生求异，充分发挥学生的特长，训练学生形成发散思维，启发学生进行联想和想象。提出一个问题往往比解决一个

问题重要，因为提出一个问题是创新的开始，也是创新的动力。在体育教学中，教师应尝试教会学生不断提问来提高学生主动学习的意识，把提问的主动权交给学生，体现教师以学生为主体的强烈意识，及时鼓励、肯定学生，使学生爆发出理想的火花。比如，在游戏中，给每一小组一个小胶球，画出一定的活动范围，要求每组的学生以小胶球为中心，创编或组织出大家喜欢的体育游戏。在游戏前，教师应鼓励学生积极创新，不要照搬已学过的游戏，组与组之间最好不要雷同，让学生想方设法创编出具有新意、有利于锻炼身体、能够培养体育兴趣、具有开拓精神等的游戏活动。学生经过思考、讨论和选择就可以创编"投球得分""双腿夹球比快""叫号接球""击中目标""打活动目标"等游戏项目。在这个活动中，教师发挥了"导演"的角色，充分让学生自行活动，培养学生自我组织和自我管理的能力。教师应对活动形式、方法新颖，创新意识强的小组给予肯定和表扬，对个别有困难或游戏活动缺乏新意的小组进行点拨、启发和帮助。这样能够有效发挥学生自主练习的积极性，激发学生学习的热情，培养学生的创造性思维能力，提高和增加学生的实践水平和经验。

四、重视在高校体育教学中培养高校学生的创造能力

在现代体育课堂教学中，要想培养学生的创造能力，教师要注重启发和诱导，而创造性来自个人智慧和潜能的自由发挥。在现代体育课堂教学活动中，教师要向学生提供富有刺激性的环境，诱导学生产生学习兴趣，还要选用符合学生认知规律和创造能力发展的素材，改革教育方法。但是，教师不能用硬性的教学安排把学生捆得死死的，要更多地注重学生的个人兴趣，留出时间让学生干一些他们喜欢干的事情。只有这样，学生才会在教学中发挥创造能力。近年来，教学改革已经渗透各学科的各环节，体育课也在探索组织教法的创新。一节体育课，从准备、实施到课后小结等环节都可以体现创新改革。创新教育已被众多学者和教师进行研究改造并促其进步发展。如在游戏练习中，将"障碍接力"变为"情报转运任务"这一情景游戏，教师可以将游戏内容故事化，将游戏过程的各个障碍改为绕过"敌人的哨岗"、跳过"小河"、爬过"山坡"、最后奔跑到"目的地"等，使学生在练习中置身于故事情景之中。身临其境的

练习可以使学生兴致高涨，既学会了动作，又培养了创造能力。

总之，高校体育课堂教学就是要体现创造力的培养，从而培养学生的创新思维和创新精神，并且让这种创造力成为高校学生未来进入社会发展自己才能的动力。为适应未来知识经济的发展、培养和造就富有创新精神和实践能力的高素质人才，体育教师必须转变教育观念，树立创新思想，调动学生学习的主体性，挖掘学生的学习潜能，使每个学生的良好个性得到全面张扬，使他们的创造思维得到发展，从而培养一大批高素质，具有创造意识、创新精神、实践能力和创造能力的人才。

第三节　高校体育对大学生心理健康的影响

健康是指包括身体、精神、社会的诸多方面因素所维持的平衡状态。世界卫生组织对健康的定义是：健康乃是一种在身体上、精神上的完满状态，以及良好的适应能力，而不仅仅是没有疾病和衰弱的状态。一个人只有躯体健康、心理健康、社会适应性良好和道德健康几个方面都健全，才是完全健康的人。

人的心理意识是客观现实在大脑中的反映，感觉、知觉、记忆、思维、情感、意志、气质、性格、能力等都是人脑反映客观事物不同形式的主题活动。著名心理学家潘菽教授说：人类的心理是物质发展到人或人脑这种高级阶段所表现出来的一种机能，是人脑高度组织起来的物质所特有的一种运动形态。[1]

体育锻炼不仅可以强身健体，还能够促进人的心理健康，消除人的消极情绪，包括抑郁、消沉、悲伤、疲惫、沮丧等，培养人的积极情绪，满足人的心理需要，使人保持精神上的愉悦。体育锻炼对大学生心理健康的积极作用主要有以下几个方面：

体育锻炼能提高人的心理素质，增强自信心，克服自卑感。在运动中，个体能体会到成功的喜悦和失败的沮丧、进步的欣慰和失误的悔恨，这对于个体磨炼自己、增强心理承受能力有着积极的作用。一些技巧性的运动，如单双杠、跳马等，有助于个体克服害怕风险、害怕失败的胆怯心理，培养个体勇往直前

---

[1] 潘菽.意识心理学的研究[M].北京：商务印书馆，2018.

的大无畏精神；长跑、游泳、举重等需要耐力或爆发力的运动，可以磨炼个体的意志；跨栏、跳高、乒乓球、羽毛球等运动，可以培养个体果断的性格；而棋类、太极拳、散步、慢跑等缓慢、持久、柔和的运动，则有利于增强个体的自我控制能力，稳定个体的情绪。

体育锻炼可以增强社会交往能力，改善人际关系。通过运动尤其是户外运动，人与人可以相互沟通，增进了解，增加交往。

体育锻炼能愉悦个体的精神，使个体保持健康的体魄，对学习效率、生活和生命质量的提高有着十分重要的意义。体育锻炼对人体的长期益处是：可降低某些疾病的发病率，如心脏冠状动脉类疾病、糖尿病、骨质疏松、结肠癌、高血压和中风；有助于人体抵抗精神疲劳、较好地适应和调整应激、降低焦虑、提高睡眠；在维持自尊、自信和自重等良好心理状态，享有较高的生活质量等方面具有积极的作用。总之，体育锻炼能够改善情绪，调节精神状态，促进身心健康，是大学生心理保健的一剂良药。

一、高校体育与大学生心理健康教育的关系

（一）学生心理健康教育与体育教学相结合

心理健康教育是高校体育课程教育的重点。研究表明，高校体育对促进学生的心理健康有着积极的作用，能有效地调节学生的身心矛盾，减轻学生的心理压力，使学生表现出积极的心境状态，消除紧张情绪，增进学生的心理健康，提高学生的心理素质。同时，体育在培养学生的主体意识、健康意识、主动探索与勇于实践的精神，培养良好的情绪、性格，坚毅的意志品质，以及充分发展学生的智力等方面都具有积极的意义。而体育的这些功能和目标也正是高校心理健康教育的功能和目标所在。

（二）学生心理健康教育与体育教学的异同

体育教学是促进学生心理健康的载体，而促进心理健康的工作只能依附在运动技能与发展身体练习教学中进行，两者的位置不能颠倒。我们要认真挖掘

体育教材的心理因素，使其更好地为促进学生心理健康服务。体育运动如同"固体"，是实实在在的，看得见摸得着，而心理健康则犹如"液体"，甚至"气体"，看不清、摸不着。体育运动是遵循一定的规律来进行"教与学"的，而促进学生心理健康主要依靠教师脑子里那根"弦"，在教学的过程中慢慢地渗透，两种目标的实现途径、内在规律和采用的方法都不一样，因此是两种不同的工作。

体育教学是"快活儿"，促进心理健康是"慢活儿"。体育教学主要是沿着体育知识、技能与发展身体的"学理"进行"教、学、练"的，教学目标有的见效快，一堂课、一个单元就可以完成，而且具有一定的时间规律，因此教学结果相对一致，基本上是可以预测的。而促进心理健康却大不一样，它不完全是知识，更不是技能，主要不靠"听讲"来达到，也不可能"立竿见影"，而是要通过经常反复的心理锻炼来逐步实现，其实际效果是难以预测的。

（三）心理健康教育是体育增进人体健康的重要内容

体育工作的重要目标之一是锻炼身体，增强体质，提高健康水平。随着心理生理医学（又称为心身医学）研究的迅猛发展，人们已经发现，人不是一个简单的、孤立的、不受外界环境影响而进行特定的新陈代谢过程的生物体，而是不断与身体环境和社会环境相互作用的实体。人的生理健康与心理健康也是交互影响的，健康的心理寓于健康的身体，生理上的缺陷、疾病、痼疾往往使人产生烦恼、焦躁、抑郁、灰心和绝望等不良情绪，影响人的情感、意志和性格等，形成各种不正常的心理状态，进而影响人的心理健康；而心理上长期和严重的不健康状态，如长期过度的忧虑也会影响身体健康。因此，在通过体育达到增强学生体质、提高健康水平的目标同时，也要通过心理健康教育来解决学生的心理健康问题。

（四）运动技能的掌握需要良好的心理素质

运动技能或动作技能又称为心因性运动技能，英文为 Psychomotor Skill，在这个术语中的 psychomotor 是由 psycho 和 motor 两个成分合成的，意指这里的动作不是简单的外显反应，而是受内部心理过程控制的。心理学家一致认为，动作技能是一种习得性的能力，是按一定技术要求，通过练习而获得的迅速、精确、流畅和娴熟的身体运动能力。正因为这样，不少研究者都认为，提高动作技能水平、发挥人的身体潜能，必须依赖于良好心理素质的形成。

二、高校体育对大学生心理健康发展的作用

（一）能促进人格自我完善

人格是个性比较稳定的心理特征的总和，而心理卫生的最终目标是培养健全的人格。健全的人格可视为大学生心理健康的核心因素。所谓健全人格，是指心理和行为和谐统一的人格，大学生健全人格包括：人格结构中的各个要素都不存在明显的缺陷和偏差；具有清醒的自我意识，知人知己、严于律己、宽以待人；把积极进取的人生观作为自身人格的核心，并为此有效地支配自己的心理和行为；有相对完整统一的心理特征。如果一个大学生无端怀疑别的同学讥笑他，不管别人怎么解释，他总是固执己见，就是人格上的一种偏执，是心理不健康的表现。

长期身体锻炼不仅能够增强学生的体质，而且能够使他们具有更高水平的自信心、更强的控制感、更多的想象力和更大的自我满足感。体育运动能促进学生的人格全面发展。学生参加体育运动总是在一定的环境中与同学或与集体发生交往和联系，要很好地处理这些关系，就必须遵守一定的公约和团体规范，而体育运动对此有独特影响作用。体育是有统一的规则、具有一定约束的社会活动，要求参加者必须自觉遵守各项规则，服从裁判，尊重观众，团结同伴，努力控制和约束自己的不良行为，正是这种良好的体育道德，公平、公正的运动环节影响着学生的人格。在体育运动中，特别是在竞赛的对抗中，个人与集体之间发生着频繁而激烈的思想和行为上的交锋，会不时地出现对参赛者思想品德的严峻考验。例如，当在竞赛中对方犯规时，是毫不计较，还是以牙还牙；对裁判员的误判，是宽容豁达，还是斤斤计较；在比赛失利时，是相互鼓励，还是彼此抱怨；在胜利时，是谦虚，还是骄傲狂妄。这些体育运动的经历可以培养学生的竞争意识、合作意识，培养同学之间的友谊感，还可以培养竞争胜利者的良好心态。

体育运动能够使人变得坚强、刚毅、开朗、乐观，使人学会竞争，学会控制自己的需要与动机，学会与人相处，学会表现自己的才能与实力，学会解决动机斗争的矛盾，从而使学生的个性倾向更趋成熟和完善。

（二）对大学生意志品质培养的作用

意志是指明确目的并选择手段以克服困难，达到预定目的的心理过程。意志往往是通过语言和行动表现出来，是人的意识能动性的反映。这个心理过程的发生发展与认识过程和情感过程是相统一的，它们是相互促进、不断发展和变化的。心理学研究表明，意志是人在实践活动中的重要心理因素，是对客观现实的反映。良好的意志品质主要表现为原则性、自觉性、勇敢性、坚持性、自制性和果断性等方面。

体育运动可培养大学生勇猛顽强、坚韧不拔、积极进取的精神，能使大学生形成良好的意志品质和健康的心理素质。而经常参加体育运动的大学生，其意志品质较不经常参加体育运动的大学生要强，尤其在顽强性、自控能力、果断性、坚韧性和自信心等方面明显优于不经常参加体育运动的同学。

体育活动是以克服一定的困难和障碍为特征的身体活动，能培养大学生坚强的意志品质。体育活动常常意味着竞争，意味着达到某一级水平，而在竞争与达到目标过程中则要求学生付出努力与汗水。体育活动的激烈与艰辛使参与者必须承受一定的生理负荷和心理压力，这一过程能磨炼人的意志。体育运动能培养大学生积极进取、勇于探索和克服困难的精神，并能有效培养大学生吃苦耐劳、坚忍不拔、果断勇敢、持之以恒等优良的意志品质。

（三）对大学生个性品质发展的作用

个性教育就是对人的一切内在品质的教育，旨在塑造完美的个体，一般包括性格、气质、能力等内容。

体育活动集体性的特点有利于塑造大学生的个性。大学生通过参加学校或班级组织的体育活动，与他人交往，可以使自己的才能得到充分的发挥，并能发现他人良好的人格品质，抑制自己不良的人格品质，从他人对自己的态度和评价中获得不断进步和发展的自信，从而及时调整人格结构，塑造积极健康的人格。人格的现代化是现代化社会发展和成功的先决条件。大学生健全人格的塑造不仅关系到大学生的健康和成长，也关系到教育、体育深化改革的成效，甚至关系到社会的发展与进步。因而，体育活动集体性的特点对大学生人格塑造的作用不容忽视。

体育教学有利于进行个性教育。体育教学的内容与特点有利于培养大学生的参与意识、竞争意识和竞争能力。体育活动内容丰富、形式多样，有着深刻的寓意和趣味，富有挑战性的魅力，最适合生命力旺盛与好运动的大学生，能够满足他们好奇、探究、体验，甚至"冒险"的心理。体育运动的各种游戏与竞赛活动给大学生提供了这种机会，并能够引起他们竞争的欲望去追求更高、更快、更强的目标，从而培养大学生的竞争意识，使学生乐此不疲地参与竞争，有效地培养了大学生的竞争能力。

体育运动中蕴含着丰富的内在精华，对人的发展具有启迪和影响的作用。体育活动的内在精华包括参与的意识、交际的能力、生活的态度、竞争的意识、合作的精神、真善美的价值观，以及各类法规意识等。尽管丰富多彩的体育活动的技术手段、比赛规则、胜负的形式各不相同，但其基本的内在的精华却是相同的。大学生在投入到体育运动的过程中就已开始接受体育内在精华的熏陶，在潜移默化的作用下改变和塑造着自己的个性。

三、高校体育实施心理健康教育的主要途径

高校体育实施心理健康教育的途径，主要是开设体育与健康课程专题心理讲座，开展体育课程教学、课外体育活动，以及进行校园体育文化建设等。

（一）科学地设定体育教学目标

体育教学作为实现学校体育教育目标的主要途径，是一种有目的、有计划、有系统的活动，其目的性、计划性、系统性主要反映和体现在教学目标上。教学目标是体育教学的方向和灵魂，决定了教学内容、教学过程、教学方法、教学评价和教学效果，从而影响着教学全局。

科学地设定体育教学目标，将心理健康教育真正融入高校体育教育目标之

中，是体育学科实施心理健康教育，提高学生的心理素质的前提条件。

（二）开展大学体育与健康课程的心理讲座

体育作为学校教育体系中的一个重要组成部分，是心理健康教育的重要途径之一。根据体育与健康课程教学指导纲要的目标、计划与要求，学校体育课程每学期都要求安排一定课时数的体育理论课教学。在体育和健康理论课的教学中，体育教师可以根据体育学科的特点，结合心理健康教育的内容，有针对性地开展心理健康教育专题讲座，让学生了解体育课程在心理健康教育中的地位、作用和实际价值。同时，教师还要告诉学生一些基本的心理健康教育的方法、技巧和注意事项。

（三）结合体育教学内容，加强学生心理健康教育

在体育课堂教学中，教师应合理地利用体育的心理健康教育资源，寻找心理健康教育的契机，把握教学的最佳时机，对大学生进行有针对性的心理健康教育。例如，在体育教学中，根据教材特点，培养大学生积极学习的情感和良好的个性等。

在教学过程中，教师应结合体育运动项目的特点，对大学生的体育态度、体育行为、意志品质和运动能力等进行训练，并运用适当的教学方法引导学生主动地学习和锻炼，激发学生参加体育活动的热情，培养学生对体育活动的兴趣，调动学生学习体育的积极性，发展学生的智力。而通过学习运动技术、技能，发展学生的主动性、积极性也是心理健康教育的重要内容。在体育活动中，教师应结合体育锻炼项目的特点，加强心理引导，纠正学生的心理缺陷，培养学生形成良好的人格品质；结合体育运动竞赛活动的特点，培养学生的竞争意识和团结、合作与进取的精神。对于大学生来讲，保持心理健康的一个重要途径是形成良好的人格品质，防止心理障碍与心理疾患的产生。

（四）结合课外体育活动，加强大学生心理健康教育

课外体育活动是学校课外教育的重要内容，也是高校体育的重要组成部分，与体育课共同构成了学校体育的整体，与体育课相互配合共同实现了学校体育

教育的目标。同时，课外体育活动还是学生参与健身活动的基本形式，具有增进身心健康、培养体育人才的功能。课外体育活动是实施素质教育和心理健康教育的重要内容和手段，具有教育学、体育学、文化学和心理学等多方面的功能与价值。

课外体育活动包括课外体育锻炼、课外体育训练、课外体育竞赛等几个方面。它以组织形式灵活多样、活动内容广泛、活动空间广阔、参与对象群众性、课外训练精英性等特点在学校课外活动中发挥积极的作用，为全面推进素质教育，培养学生的创新精神和实践能力，促进学生主动发展提供了更加广泛的空间。

课外体育活动是促进学生全面发展的重要教育途径，因此，体育教育工作者要积极组织开展田径、球类、游泳、武术等多种多样的体育锻炼和竞赛活动。除了在体育教师、班主任组织的课外体育活动中完成上述活动目标以外，还可以在课外体育活动中渗透心理健康教育。

第三章 高校体育教学方法的创新

作为实现体育教学目标、开展体育教学活动的主要途径和手段,体育教学方法的体系建设与体育教学目标实现的程度有着直接的关系,体育教学方法的科学与创新性对体育教学的质量也有着决定性的影响。本章探讨的是高校体育教学方法的创新,分为高校体育教学方法的基本理论、高校体育教学之多媒体网络、高校体育教学之翻转课堂、高校体育教学之快乐体育。

第一节 高校体育教学方法的基本理论

一、体育教学方法的发展历程

体育教学方法是在体育教学现象出现以后才产生的,但这并不意味着其产生于课堂体育教学之后。在民间传统的体育传授过程中,一些教学方法就已经得到了普遍的应用,只是当时人们对教学方法还未形成一个科学和系统的认知,因而没有对其进行深入的研究。现代意义上的体育教学方法是在现代体育教学产生以后才出现的,其时代性特点较为突出。我们可以将体育教学方法的发展历程分三个阶段来研究,具体如下:

(一)体操和兵操时代

在传统社会中,体育运动发展的一个重要助推力就是军事战争。在封建社会和资本主义社会的早期,为了使士兵的作战能力不断提高,统治阶级会要求士兵进行体育运动方面的训练。这时,体育教学方法以训练式和注入式为主,相对而言比较单调。训练式和注入式的传统教学方法对大运动量的不断重复作了特别强调，主要就是通过苦练来增加士兵的运动记忆，并促进其体能的不断增强。

（二）竞技运动时代

近代以来，竞技运动随着资本主义社会的不断发展而得到了快速的进步与发展。竞技运动项目在近代的大量增加是其快速发展的集中体现。在这一时期，竞技运动以公正、平等为指导思想，并且将众多的文化因素融入其中，表现出了勃勃的生机和充沛的活力。竞技运动的发展对运动员的运动技能提出了较高的要求，但是，一味地苦练并不能与这一要求相适应，改进体育教学方法势在必行。在这一阶段，体育教学效率有了明显的提高，一些新的体育教学方法，如演示法、观察法和小团体教学法等开始逐步出现。

（三）体育教育时代

随着体育运动在现代社会的不断发展，体育运动日益成为学校教育的重要组成部分。作为一种文化现象，体育的内容也得到了极大的拓展。健康教育、心理训练、安全教育、体育咨询、体育培训等方面的知识在体育运动中都有涉及，体育的知识和技能都得到了快速且全面的发展。体育教学内容的丰富和拓展直接推动了人们对体育教学方法研究的不断深入。体育教学方法的深入研究要求学生要对相应的体育知识和技能加以掌握，要求学生全面发展，即身体素质、心理健康、运动欣赏能力等都得到提高和发展。在现代社会，科学技术的发展也取得了大量的成果，直接促进了一些新的体育教学方法的产生。计算机、录像、电影等多媒体技术的发展，使运动表象和感知等方法得到了快速的深化发展。至此，现代体育教学方法的发展向着科学、规范、更高层次的方向迈进。

需要强调的是，新的体育教学方法的产生与发展并不意味着传统体育教学方法的消失。在不同的时代背景下，都会有与这一阶段生产力和科学文化水平相适应的体育教学方法出现。这些新的顺应时代发展潮流的体育教学方法与传统体育教学方法相互结合、相互借鉴，共同推动体育教学的改革与发展。体育教学方法是随着时代的变革而不断发展的。随着教学环境、教学对象和教学内容等教学各要素的发展，体育教学方法也逐渐呈现出不同的阶段性发展特点。

二、高校体育教学方法的概念及组成要素

（一）高校体育教学方法的概念

教学方法是师生为实现课堂教学目标和完成教学任务而采用的教学方法的总称。它是一种行为或操作体系，包含着教师的教和学生的学两个层面的具体方法。体育教学方法就是实施体育活动所有的手段和方式的总和。

我们可以从以下三个方面来理解体育教学方法的概念。

1. 体育教学方法是"教"与"学"的统一

体育教学方法体现了教与学的统一，只有通过师生间的双边互动，才可以将体育教学方法的价值与作用更好地发挥出来。我们可以将体育教学活动简单地理解为两个方面的内容，即"教师的教"和"学生的学"。在体育教学活动中，教师和学生都是作为主体发挥作用的。教师在体育教学中选用具体的教学方法和手段时都是以学生为主要对象的，教师和学生之间的关系极为密切。只有在师生的双边互动中，体育教学任务和目标才能得以顺利实现。因此，教和学两方面的内容贯穿体育教学方法实施的整个过程。

2. 体育教学方法是师生动作和行为的总和

体育教学方法的贯彻与实施是在师生互动中实现的，体育教学方法也是师生行为动作总和的体系。体育教学方法与其他科目教学方法的主要不同之处在于，体育教学方法不仅对教学语言要素较为重视，而且对动作要素有更加突出的强调。在体育教学过程中，学生掌握各种动作都离不开教师的讲解、示范和纠正。只有在此基础上，学生重复进行练习，才能对相应的技术动作进行准确且熟练的掌握。所以说，体育教学方法是教师和学生双方动作和行为的总和。

3. 体育教学方法和教学目标不可分割

所有的体育教学方法都具有目标性，体育教学方法与体育教学目标之间具有密切的联系，教学方法的选择与实施主要就是为实现体育教学目标和任务而服务的。体育教学方法和体育教学目标之间具有不可分割性，如果强行将两者割裂，那么体育教学方法失去了明确的方向，在具体的运用中就会表现出一定

的盲目性。反过来，如果体育教学目标与任务没有体育教学方法的贯彻实施，那么也将无法顺利实现与完成。

（二）高校体育教学方法的组成要素

组成体育教学方式与方法的要素有很多，主要可以归纳为以下四个方面：

1. 目标要素

体育教育方法必须有一个指向的教育目标。目标作为体育教育的基础，没有它也就没有方法可言。教学方法主要是为教学目标而服务的。

2. 语言要素

语言要素包括多种形式的语言，如口头语言、肢体语言等。

3. 动作要素

动作要素包括身体的各种动作。在体育教育的本质中，体育是以人的身体训练为手段的活动，所以身体训练是必不可少的，永远不能脱离。这是体育区别于德育、智育的主要特点。

4. 环境要素

环境要素包括学校的地理位置以及气候、风土等自然现象。此外，环境要素还包括为配合教学活动而采用的体育器材及场地设施。

三、高校体育教学方法的特点及分类

（一）高校体育教学方法的特点

1. 双边互动性

任何一种体育教学方法都是教师指导学生学习这一双边活动的方法，是由教师教的方法和学生学的方法组合而成的。具体来说，在体育教学方法的实施过程中，教师教的方法对学生学的方法具有一定的制约性影响，学生学的方法也对教师教的方法产生影响。师生在体育教学中相互联系、相互作用和相互统一活动的特点在体育教学方法中有着充分的体现。我们不能错误地将体育教学方法理解为教师教的方法与学生学的方法的简单相加。

2. 多感官参与性

在体育教学中，所有参与者都必须将自身的各种感觉器官充分调动起来。在教学活动中，教师和学生不仅要通过视觉和听觉来对信息进行接收，还要在中枢神经系统的指挥下，运用身体的触觉、位觉和动觉等来进行动作的示范和练习，通过本体感觉来对机体在做正确动作时动作的用力大小、运动方向、动作幅度等进行感知，以对正确的动作定式进行体会，从而对机体完成动作进行更加有效的控制。这些也都充分体现出了体育教学方法的多感官参与性特点。

3. 感知、思维和练习的组合性

在体育教学活动中，学生需要动员多种感官来接收教师发出的信息，这是由体育教学目标和教学程序共同决定的。学生利用大脑皮层对教学信息进行接收，并将信息在经过大脑的分析加工和处理后以指令的形式对机体进行指挥，从而使机体顺利完成相应的动作。在这个过程中，学生需要充分运用感知、思维进行不断的练习。感知是学习的基础，思维是学习的核心，练习是学习的结果。体育教学方法将感知、思维和练习三个环节紧密结合在一起，将体育教学过程的认识与实践、心理与身体有机结合的特点充分体现出来。

4. 运动与休息的交替性

在体育教学活动中，个体的身体活动和心理活动之间有着非常紧密的联系。学生通过感知动作及思考、记忆、分析等心理活动对动作技术和运动技能进行掌握。在学习过程中，学生生理和心理难免会承受一定的负荷。当这种负荷持续不断地作用于学生的机体后，学生必然产生运动性疲劳。疲劳现象会使学生的学习兴趣和学习效率降低。所以，教师要合理采用体育教学方法，对运动锻炼的间歇时间作出合理的安排，要做好运动与休息的科学调配，唯有劳逸结合才能提高教学效率。

5. 继承性

体育教学方法具有历史继承性。在长期的体育教学实践中，人们为了促进教学实效性的提高，对教学方法的探讨与研究非常重视，并且积累了较为丰富且宝贵的实践经验。有些教学方法是体育教学客观规律在一定程度上的反映，至今仍具有广泛的影响力，值得我们对其进行认真的总结与整理，并对其合理的部分进行借鉴。任何新的体育教学方法要绝对地从零开始都是不可能的，必然要借鉴多方面传统教学方法的结果，并在新的历史条件下将新的内容赋予其中，使教学方法具有更新的意义与更显著的价值。

（二）高校体育教学方法的分类

当前，学校体育理论界针对体育教学方法提出的分类方法越来越多，而且越分越细。划分依据不同，体育教学方法的类别自然也就不同（表 3-1-1）。

表 3-1-1　高校体育和教学方法的分类

划分依据	类别
体育教学方法的本质特征	体育教学中的一般方法 体育教学中的特殊方法
体育教学目标	传授理论知识的方法 技能教学的方法 锻炼的方法 教育的方法
教学活动中获得信息的性质和功能特征	基本信息的手段和方法 辅助信息的手段和方法
师生双边活动	讲授法 学习法（包括练法）
教学活动中获得信息的主要特征	语言法 直观法 练习法

四、高校体育教学方法的层次

体育教学方法具有一定的层次性，主要包括体育教学策略、体育教学方法和体育教学手段三个层次。

（一）教学策略

教学策略在体育教学方法层次中居于"上位"。它是体育教学方法在广义范围上的概念，是传统定义中教学方法的组合，也是教师通过组合多种手法和手段进行教学的行为方式。通常也可以将体育教学策略称为体育教学模式或方式，单元和课程的设计与变化是体育教学策略的集中体现。例如，发现式教学法作为一种广义的教学方法，由模型演示、提问法、总结归纳法、组织讨论法等多种传统定义的教学手段组合而成。

（二）教学方法

教学方法在体育教学方法的层次系统中居于"中位"。它是体育教学方法在狭义范围上的概念，基本与传统意义上的教学方法等同，是体育教师通过一种主要手法的运用来进行教学的行为方式。例如，提问法这一具体的教学方法就是为了实现某个教学方式而采用的，是通过对提问和解答这两种具体方法的运用来实现的一个教学方式。体育教学方法也可称为"体育教学技术"，通常是在体育课的某一教学步骤上体现出来的，并由于体育教师条件的不同而在选用和变化上出现一定的差异。

（三）教学手段

教学手段在体育教学方法层次中居于"下位"。它是传统定义上教学方法的组成部分，也是教师通过对一种主要的手段进行采用而开展教学活动的行为方式。体育教学手段也可称为"教学工具"，体育课的某一个教学步骤中更为具体的教学环节上一般会采用各种教学手段。

五、体育教学方法的意义

体育教学方法在体育教学活动的构成系统中居于非常重要的地位。体育教学方法不仅在教学活动的开展过程中发挥着重要的作用，而且，即使在教学活动结束之后，教学方法的影响依然不会在短时间内完全消失，这是体育教学内容、环境等其他构成要素所无法比拟的。具体来说，体育教学方法具有如下几方面的意义：

（一）促进教学任务的完成

体育教学方法在体育教学活动中是体育教师与学生双方互动的主要连接点。科学、有效的体育教学方法有利于将体育教学活动中的两个重要主体（教师和学生）紧密连接起来。这一连接有利于促进体育教学目标与任务的顺利完成。如果缺乏科学、有效的体育教学方法，那么将难以使预期的体育教学目标顺利实现，也无法使教学任务高效地完成。

（二）促进良好体育教学氛围的营造

科学合理的体育教学方法可以促使学生参与体育学习的积极性不断提高，促使学生学习兴趣不断高涨，也有利于促进良好教学氛围的营造。良好的教学氛围反过来有利于感染学生，引导学生主动参与学习，从而促进一种良性循环的形成。体育教学方法的科学运用对于促进学生对体育教师的信任度的提高非常有效，教师一旦赢得了学生的信任，就很容易引导学生来学习体育课程，因而和谐的体育教学气氛就会形成。

（三）促进学生身心素质的全面发展

体育教师选用的教学方法必须具有一定的科学性，采用科学恰当的教学方法进行体育教学，对于促进学生的身心全面发展非常有益。相反，如果教师在教学过程中选用的是不具备科学性与不恰当的教学方法，就会对学生身心的健康发展造成制约。我们可以将体育教学活动中体育教学方法的实施过程看作学生对体育运动技术进行体验与锻炼的过程。所以，教师不仅要向学生传授体育方法论的相关知识，也要对学生的训练实践进行引导，促进学生身心的全面健康发展。此外，科学的体育教学方法对于培养学生的丰富情感、锻炼学生的意志品质也是非常有益的。总之，学生的全面发展直接受体育教学方法的深入影响。

（四）促进体育教学质量的提高

科学的体育教学方法能够通过充分调动各种有利的因素来促进学生学习兴趣和热情的不断提高，引导学生将其主观能动性充分发挥出来，从而促进学生学习效率的不断提高，最终促进体育教学质量的优化。

第二节 高校体育教学之多媒体网络

一、高校体育教学中多媒体技术的应用

(一)多媒体教学技术的特征

1. 多媒体教学技术的多维性特征

所谓的多媒体技术的多维性特征,主要指的是多媒体教学技术所拥有的对信息范围进行处理的扩展与扩大空间的能力,而此种多维性职能能够变换、加工、创作输入的信息,使其输出信息的表现能力得到增加,也使其显示效果得到丰富。例如,在高校体育教学开展的过程中,利用多媒体系统进行辅助,不仅能够帮助学生学习文本知识,使其观察静止图片,而且在多媒体技术的支持下,学生能够清楚地观察、了解体育教师的动作演示,使高校体育教学效果得到加强。

2. 多媒体教学技术的集成性特征

多媒体技术的集成性特征主要指的是多媒体技术能够将不同类别的多种媒体信息有机地进行同步组合,例如,声音、文字、图像等,进而促进多媒体完整信息的生成。此外,集成性还存在另外一层含义,指的是对这些多媒体信息进行处理的工具或者设备的集成,包含视频设备、储存系统、音响设备、计算机系统等的继承。总而言之,集成性指的是在提供的各种设备上将各种媒体紧密地进行关联,使文字、声音、图片和音像的处理实现一体化。

3. 多媒体教学技术的交互性特征

多媒体教学技术的交互性特征主要指的是人和人之间、人和机器之间、机器和机器之间的交互活动,也就是人和机器进行对话的能力,即使用者同机器之间进行沟通的能力。这也是多媒体计算机系统不同于传统音响、电视机等家电设备的地方。根据实际的需要,人们能够选择、控制、检索多媒体系统,同时,还能够参与播放多媒体信息与组织多媒体节目的活动。传统的只能对编排好的节目被动接收的电视机形式已经被打破。

4. 多媒体教学技术的数字化特征

所谓的多媒体教学技术的数字化特征，主要是指在多媒体计算机系统中，各种各样的媒体信息都是以数字的形式在计算机中存放并得到处理的。多媒体技术是在数字化处理的前提下被建立的，例如，以矢量方式储存与处理的图形、以点阵方式储存与处理的图像、以数字编码方式储存与处理的音频和视频。在数字化技术发展的背景下，多媒体教学技术得到了广泛的传播与发展。

除了上述的四种主要特征，多媒体教学还具有一些其他的特征。实时性特征主要指的是对于同时间相关的心理，如声音与视频信号等的处理，还有人机的交互显示、操作与检索等操作都存在实时完成的要求。分布性特征主要指的是基于多媒体数据在不同的领域中得到了广泛应用。所以，对于多媒体产品的开发，在离不开计算机专业人才参与的同时，更加需要的是听、视专业的人才。而多媒体计算机系统存在比较明显的综合性，不仅能够综合集成各种媒体设备，还能够综合集成各种信息，使它们成为整体，促进综合效应的产生，不再是单兵作战，而是文字、图片、声音与音像的有机组合。

（二）多媒体在高校体育教学中的应用优势

多媒体教学技术通过文字和图形的形式，与动画、音频与视频相结合，将体育课程的教学内容进行立体的显示，具有表现形式和表现手段丰富多样、灵活多变的特征，使其独特的优势得到充分体现。

1. 多媒体技术使高校体育教学观念得到了更新

高校体育教学的传统教学模式是以教师的教为重心。在高校体育教学应用多媒体技术，能够使此种传统高校体育教学模式发生改变。体育教师在进行授课的过程中，对现代化的多媒体教学手段进行了应用，同时还需要人机交互活动与学生间交流活动的开展，使学生的体育参与意识得到激发，将体育多媒体教学的教学思想进行展现，即以学生的"学"为中心。这都能够极大地促进高校体育教学方法的实践性和多样性变革，改变学生体育知识与体育技能的学习思路与方式。

2. 多媒体教师使高校体育教学的质量得到提高

在体育课程的传统教学活动中，教师主要应用的教学方式是以讲授为主，以挂图等展示方式为辅。在实践课中，体育教师需要讲解与示范，在主观条件与客观条件的约束下，很难做到完全规范、标准的技术动作示范，在较短的时间内，学生正确的动作概念也很难形成，只有体育教师才能够反馈出学生的体育学习状况，而这样的高校体育教学效果也是可想而知的。

多媒体高校体育教学的实施使得上述的状况得到改变，在文字与图片的辅助下，体育课程的抽象概念得以具体化、形象化，而通过计算机，就能够对难度较高的体育技术动作进行模拟演示。而在对速度较快、结构复杂的技术动作进行讲解与示范的过程中，取得的效果则将会更加明显。在多媒体技术的支持下，通过慢动作，学生对这一系列动作进行清晰的感知，促进对于相关体育概念的形成与动作要领的掌握，方便进行模仿与掌握，使得高校体育教学的效率与质量得到极大提高。

3. 多媒体技术使学生的体育学习效果得到提高

多媒体技术能够使人的视觉、听觉等多种感官系统得到刺激，促进大脑不同功能区域交替活动的开展，促进体育学习内容生动化、形象化的发展，增强高校体育教学活动的趣味性与直观性，方便学生对体育技术动作的理解。多媒体技术对字体、色彩、图表、音乐、动画和闪烁等多种表现手段进行了综合利用，保证"声图并茂""有声有色"，使得高校体育教学内容的艺术表现力与强烈的感染力得到增强，使高校体育教学的课堂氛围得到活跃，特别是多媒体高校体育教学资料中对肢体和谐美、力量美与技艺美的体现，使高校学生对体育的功效与个性的社会价值取得真正的认识，使他们的求知欲与体育学习的热情得到激发，进而使学生的体育学习兴趣与体育课堂教学的质量得到有效提高。

（三）多媒体计算机辅助教学（CAI）在高校体育教学中的应用

1. 目前我国 CAI 的发展现状

目前，CAI 正迎来了一个多媒体大面积教学的时代，即使用先进的计算机技术、多媒体技术、网络技术、通信技术和设备，"让最好的教师面向最广大的学生的时代"。所以，保证 CAI 课件大数量、高质量的发展具有十分深远的意义。

2. 多媒体 CAI 的发展趋势

近年来，在 CAI 中多媒体技术的应用存在三个方面的发展趋势，具体内容如下：

（1）呈现网络化的发展方向

计算机技术的不断发展，尤其是网络技术的迅猛发展，使人们的生活方式与工作方式得到很大的改变。网络技术的发展需要多媒体技术的支持，而多媒体技术需要在网络中得到应用，进而使网络的表现力得到了增强。在网络中应用 CAI 课件，能够保证"最好的教师面向最广大的学生"，进而使多媒体 CAI 的群体教学模式得以实现。

（2）呈现智能化的发展方向

从功能上来讲，多媒体教学软件与智能教学辅助系统之间存在着互补的关系，如果能够将两者进行结合，那么就能够规避短处的同时而发扬长处，进而使得性能较高的新一代多媒体 CAI 系统得以顺势而生。如果想要使多媒体 CAI 具备一定智能性的构想得以实现，那么就不仅仅需要同人工智能领域的知识表达与知识推理紧密联系在一起，同时还需要对学生模型的建构问题进行考虑。在人工智能领域的知识表达与知识推理问题上，需要探求出一种能够与多媒体环境相适应的新型的知识表达方式及与之相对应的推理机制。除此以外，还能够尽可能地应用方法保证多媒体知识库中导航功能的智能化发展。智能化导航在具备一般导航功能的同时，还能够按照当前学生的知识水平，对学生最合适的下一步路径进行及时的建议，如果学生碰到了困难，就要对学生进行帮助，等等。

（3）呈现虚拟现实的发展方向

虚拟现实的英文全称是 Virtual Reality，简称为 VR，属于交互的一种人工世界，需要多媒体技术同仿真技术的有机结合，在此种人工交互的情境中对一种身临其境的感觉进行创造。通常来讲，如果想要融入虚拟现实的环境中，那么就需要对一个特殊的头盔与一副特定手套进行佩戴。

在高校体育教学中应用 VR 技术，具有十分令人鼓舞的前景，例如，我们可以对一个"虚拟物理实验室"的系统进行建造，这种系统能够帮助学生开展各种各样的虚拟实验，如万有引力定量实验等，进而深入地了解物理的概念与规律。

伴随多媒体技术与仿真技术的不断发展，VR 实现的理论与方法也不断发展。例如，美国城市设计与规划专业的学生对于这一套系统进行利用，从而能够对虚拟的一座城市进行设计、制作，如果学生能够改变城市场景，那么就能够对于观光浏览真实幻觉的出现起到一定的促进作用。

3. 多媒体 CAI 相对传统高校体育教学方法的优势

在高校体育教学课堂教学活动开展的过程中，由于高校体育教学内容与高校体育教学任务方面存在着一定的需求，因此，多媒体 CAI 能够科学、合理地对现代化教学媒体进行选择，并进行应用。而信息的全方位传递需要人体的多种感官参与同时对于媒体组合开展的系统教学进行反馈与调控。在高校体育教学课堂教学活动开展的过程中，保证多媒体 CAI 的存在是始终有效的，从而实现对高校体育教学过程的优化。

多媒体 CAI 高校体育教学同传统的高校体育教学活动相比较，具有的优点有以下几种：

（1）体育教师在指导过程中利用系统

在现代化高校体育教学中，计算机能够对大量的教学相关信息进行承载，能够按照高校体育教学的实际需要开展人机对话，并且能够对各种各样的高校体育教学活动随意地调用、开展。

（2）帮助学生尽快地建立动作概念

如果能够将多媒体 CAI 应用在体育课堂教学过程中，就能够促进力量教学效果的获得。例如，体育教师在对足球理论课进行教授的时候，提到"越位"这一概念的时候，大部分学生对此概念能够给予很好的理解，然而，在具体的实践中却并不一定能较好掌握。在进行表达的过程中，体育教师可以对画图的形式进行利用，同时，还能够对声像资料进行应用，将足球比赛活动中一些典型的与不典型的"越位"镜头编辑在一起，从各个角度出发，向学生及时展示什么是"越位"，同时还要将经过反复多次推敲的解说词列入其中，使学生的各个感官得到调动，从理性上和感性上使学生对这一概念进行理解。

（3）学生可直接开展自我学习、自我测验与自我评价

对于多媒体高校体育教学的使用方法，由体育教师向学生传授，保证学生

的体育学习活动，不仅能够在课堂上进行，还能够在课堂教学结束后开展，即复习或自学。

（4）反馈学生学习进程，提高体育学习效率

在传统的高校体育教学过程中，教师在对跳远动作进行教学的时候，会对学生作出的不规范腾空动作或者是没有达到规定标准的动作进行指出，但是，有时候学生可能并没有意识到错误的动作，因此导致教师和学生之间出现了沟通障碍，需要注意的是，如果想要消除这些问题，就需要在体育教师的悉心指导下，学生对某一种动作一遍一遍地不断重复，并且在不断的重复练习中，对动作的要领不断体会。学生在需要改进某一个成型动作或者提高运动成绩的时候，就可能导致学生具有较低的训练水平与较慢的成绩提高速度。如果体育教师对每一次学生做的跳跃动作进行录制，进行慢动作处理，再组织学生进行观看，就使学生对于存在的问题能够及时地发现并纠正。教师还可以利用计算机的处理功能，将一些优秀学生所做的这一动作进行事先的录制，再将两者对比，就能够很明显地得出两者之间存在的区别。此外，这套编制的多媒体 CAI 在专业运动员的训练中也同样适用。

（5）提高学生的体育学习兴趣

在传统高校体育教学活动开展的过程中，单调高校体育教学形式与落后的高校体育教学手段的存在，使得教师想要调整学生由于学习过程反复、辛苦、无聊而产生的不能积极应对学习的心理状态是不容易的。但是，多媒体 CAI 具有的形式是新颖的、变化多样的，能够对学生良好的心理状态进行调节，同时还能够有效刺激学生的求知欲，从而使学生的体育学习效率得到一定的提升。

综上所述，多媒体 CAI 能够刺激学生的各种感官，对知识或信息进行最大限度的吸收。多媒体 CAI 在高校体育教学中的应用，促进高校体育教学软件多媒体化的发展，能够使学生心理上的不同要求得到更好的满足。能够保证高校体育教学文件的声图并茂、绘声绘色、且清晰、便于理解，使学生更加容易接受。

4. 体育多媒体 CAI 课件设计

体育课件的结构主要包含两个主要部分，即原理教学模式与训练教学模式。

而对于体育多媒体 CAI 课件而言，总体的结构组成是高校体育教学内容与高校体育教学目标，其主要目标是使学生对体育基础知识和基本技术、技能进行掌握，使学生的身体素质得到增强，使学生的良好思想品德得到培养，促进学生观察能力与模仿能力的提高，而体育多媒体 CAI 课件的主要内容由理论课与实践课构成。

（1）体育多媒体 CAI 课件设计步骤

体育多媒体 CAI 在设计的过程中主要包含四个主要步骤：

在体育多媒体 CAI 课件进行设计的第一阶段，要对题目进行确定，并对课件设计所依据的规范进行了解。

在体育多媒体 CAI 课件设计的第二阶段，要对脚本进行撰写。撰写脚本的目的是对高校体育教学的内容进行安排。脚本主要由具有丰富教学经验的高校体育教师或者教材作者来负责撰写。

在体育多媒体 CAI 课件设计的第三阶段，要编制软件。在这一过程中需要做的工作有三项，即：通过对多媒体编辑工具的利用，对多媒体数据进行确定；通过多媒体工具制作多媒体课件；对相关的程序进行编制。

在体育多媒体 CAI 课件设计的第四阶段，要测试、检验。在完成了体育多媒体 CAI 课件的开发、设计工作以后，就需要进行测试、检验，主要是对体育多媒体 CAI 课件的运行情况进行测试，从而对课件能否达到规定的目标进行测验。

（2）体育多媒体 CAI 课件的选题原则

我们都需要承认的是体育多媒体 CAI 课件具有的特点与优势是非常强大的，然而，有时候也会有相对的不足与局限存在。因此，在对全部教学任务进行完成的过程中，教育不能过分依赖体育多媒体 CAI 课件，还应该对高校体育教学目标、高校体育教学条件、高校体育教学资源与高校体育教学内容进行考虑，保证选择的最优化，并精心设计。更重要的是，要将 CAI 课件与其他教学媒体紧密联系在一起，组合应用，扬长避短，使更加高效的教学系统得以构成。

体育教师首先要对体育多媒体 CAI 课件设计的价值进行考虑，即这堂课是否必须使用课件。如果传统的教学方式就能够使良好的教学效果得以达成，那么就没有必要花费大量的精力制作体育多媒体CAI课件。在对体育多媒体CAI课件的内容进行确定的时候，通常会很难使用语言对高校体育教学过程中的难点与重点进行清晰的表达，在这样的情况下，对于体育多媒体课件的形式进行使用是比较合适的。之所以这样，是因为体育多媒体课件具备较为丰富的功能，能够将声音、视频、动画、效果汇集在一起，能够更贴切地模拟自然，表现自然，或者是在实验条件的支持下，通过局部放大、旋转与重复等多种方式进行展现，从而有效地突破高校体育教学的重点与难点。基于模拟训练的目标而言，初级训练更适宜应用多媒体形式。体育多媒体具有比较强大的模拟功能，能够有效地实施高校体育教学中的各种模拟技能训练。例如，对于一些进展比较困难的危险实验进行替代，在高校体育教学过程中学生的实际操作，周期较长或者代价较高的实验，但是，需要注意的是，在选择高校体育教学内容的时候，应该选择那些不存在演示实验或者是演示实验容易做的教学内容。

（3）体育多媒体CAI课件的设计原则

①体育多媒体CAI课件设计的结构化分析原则

在体育多媒体CAI课件进行设计的过程中，应该对结构化分析原则进行遵循，而这里所说的结构化分析原则主要是指在设计体育多媒体课件的时候应用系统分析的方法，按照结构要素组成对事物进行依次的分解，等到对于所有的要素都能够清楚地进行理解与表现的时候，就能够停止事物的分解了。基于结构化分析原则下的体育多媒体CAI课件，能够将高校体育教学的内容进行层次清楚的表达，纲举目张，不管是从系统宏观来讲，还是对于局部细节而言，所做的认识都是非常详尽的，因此，对于体育多媒体CAI课件中框架的展开与学科内容的设计都能够起到一定的促进作用。

②体育多媒体CAI课件设计的模块化设计原则

所谓的体育多媒体CAI课件设计的模块化分析原则，主要是按照结构化分析的框架图指示，将相同或相近的部分设计成模块，使其相对独立，用模块图表示出单一功能模块的组成的结构，由此对课件系统及与之相应的功能结构进行确定，进而为结构化编程创造良好条件。

诸多实践证明，体育多媒体CAI课件的模块化设计不仅减轻了繁杂的内容编程的负担，还可以保证课件的风格统一、制作程序化。

③体育多媒体 CAI 课件设计的个别化教学原则

在对高校体育教学内容进行选择与组织的时候，CAI 课件要具有广泛的适应性，应该保证某一层次的所有学生都能够适用。同时，要根据学生不同能力的差异，对相应的高校体育教学程序和对策进行设计。例如，学生能够对学习内容的深度和广度进行控制，并对自己的学习进度进行确定。

④体育多媒体 CAI 课件设计的反馈和激励原则

体育多媒体 CAI 课件应该对于每一个学生作出的反应都能够给出与之相对应的反馈。体育多媒体 CAI 课件要有友好的交互界面，以便充分调动学生体育学习的积极性，使学生始终处在良好的学习状态中，同时，还要及时、有效地强化高校体育教学的效果，使及时正向激励的作用得到有效的发挥。

⑤体育多媒体 CAI 课件设计原则

在对高校体育教学的结构与内容进行设计的过程中，体育教师不能单纯地依靠传统的方法和经验对高校体育的教学结构和内容进行设计。同时，体育教师还要适当地使用系统的技术和方法，设计与分析高校体育教学目标，以及对高校体育教学的诊断工作进行实施。

（4）设计体育多媒体 CAI 课件的具体方法

体育教师在开始制作体育多媒体 CAI 课件之前，应该对课件设计工作的重要性进行明确。现阶段，有一些体育教师不能够把握住体育多媒体课件的精髓，只是一味地追求最新的科学技术，一不小心就将体育多媒体课件的性质进行了改变，使之成为多媒体成果的展示，这样是不够正确的。之所以出现这样的结果，主要是因为他们没有对高校体育教学中体育多媒体课件起到的作用进行明确。需要注意的是，在高校体育教学过程中，体育多媒体课件发挥的作用并不是主要的，而只是辅助的。在体育课堂教学开展的过程中，教师仍然发挥着主导作用。只有将体育多媒体 CAI 课件的设计工作做好，才能够制作出更多优秀的课件。所以，在设计体育多媒体 CAI 课件的过程中，可以从以下两个方面进行考虑：

①从体育多媒体 CAI 课件的可教性方面考虑

对体育多媒体 CAI 课件进行制作的主要目的是使体育课堂教学的结构得到优化，使体育课堂教学的效率得到提升，在保证促进体育教师教学的同时，还要促进学生的学习。所以，在设计体育多媒体 CAI 课件之前，体育教师应当对其存在的教学价值进行优先考虑，也就是说，对于这堂课是不是有必要对体育多媒体 CAI 课件进行使用进行考虑。通常来讲，如果仅仅使用传统的高校体育教学方式就能够使良好的高校体育教学效果得以实现，那么花费大量的精力对体育多媒体 CAI 课件进行设计就没有必要了。所以，在对体育多媒体 CAI 课件的内容进行制作以前，应该尽可能地那些不需要演示实验，或者是演示实验容易做的高校体育教学内容。

②从体育多媒体 CAI 课件的易用性方面考虑

体育多媒体 CAI 课件应该能够清楚地表达出高校体育教学的目标、高校体育教学的步骤与高校体育教学的具体操作方法。同时，还有一点需要注意的是，即在同本机脱离的情况下，在其他的计算机环境中，体育多媒体 CAI 课件也应能够运行成功，因此，需要对于以下两个方面具体的内容进行注意：

首先，体育多媒体 CAI 课件应该保证启动比较快速，以避免体育教师和学生焦急等待的情况出现。

其次，体育多媒体 CAI 课件应该尽可能占据较小的容量，需要注意的是，关于体育多媒体 CAI 课件越大越好的错误观念必须纠正。伴随网络技术的日新月异，体育多媒体 CAI 课件的运行在网络环境下是最好的。

体育多媒体 CAI 课件的操作界面应该包含一些具有明确意义的按钮和图片，同时还要保证操作人员能够运用鼠标进行操作，对于一些特殊的情况进行避免，例如，键盘操作复杂等。

对于体育多媒体 CAI 课件而言，在其运行过程中应该保证一定稳定性的存在，如果体育教师在执行体育多媒体 CAI 课件时出现了错误，那么就十分容易出现退出的情况，也会出现计算机重新启动的情况。在体育多媒体 CAI 课件具体的操作过程中，体育教师应该尽可能地使死机的情况较少出现，甚至不出现，保证体育多媒体 CAI 课件运行过程中的稳定性。

在体育多媒体 CAI 课件运行过程中，应该保证及时地进行交互应答。体育教师不能将体育多媒体 CAI 课件等同于电影，同时，应该高度重视学生的学，保证学生学习的过程是循序渐进的，为学生留出更多的思考空间。

③从体育多媒体 CAI 课件的艺术性方面进行考虑

一个体育多媒体 CAI 课件的演示在保证良好高校体育教学效果的同时，还应该是令人愉悦的，只有这样才能够将美的享受提供给体育教师和学生。如果上述的两项因素都能够保证，那么就表示这样的体育多媒体 CAI 课件存在着较强的艺术性特征，完美地融合了优秀的内容和优美的形式。值得我们注意的是，想要实现这两个目标并不容易。想要实现这些内容，体育教师不仅应该具备一定的美术基础，还要存在一定的审美情趣。但是，如果在这方面存在过高的要求，就很难顺利实现。

体育多媒体 CAI 课件的艺术性特征主要的表现是：具有柔和色彩的操作界面，科学合理地进行搭配，画面应该与学生的视觉和心理产生共鸣；为了能够保证将更加逼真的图像呈现出来，可以考虑使用 3D 效果；对于画面的流畅性要作出保证，避免停顿、跳跃的现象出现，最多只能存在两个运动对象；此外，要存在优美的音色，还要通过适宜的配音进行辅助。

（5）体育多媒体课件创作工具的选择

在选择体育多媒体课件创作工具的问题上，如果能够恰当地选择体育多媒体课件的创作工具，那么就能够使得体育多媒体 CAI 课件的具体实施产生更加理想的效果。在本书的此章节内容的分析与研究中，作者主要从以下几个方面简单地分析比较典型的体育多媒体课件创造工具与开发工具：

①在体育多媒体课件的创作过程中，选择体育多媒体创作工具的基本原则

在体育多媒体课件创作的过程中，所选的多媒体创作工具的主要用途是当用户编排、制作各种各样的节目时能够起到一定的促进作用。多媒体的创作工具在向用户提供的过程中，通常是交互的设计环境与易懂、通俗的高级编著语言，如此一来就能够为用户编制各种内容提供便利。如果在体育多媒体 CAI 课件设计过程中，恰当地选择多媒体创作工作，那么就能够保证体育多媒体 CAI 课件的效用得到最大限度的发挥。

第一，高效原则：在体育多媒体课件创作的过程中，要对多媒体的开发、创作工具进行应用。多媒体开发、创作工具的特点主要有：具有容易实现的特性，具有丰富多样的效果、较高的媒体集成度、看到的就是得到的，在体育多媒体课件备课问题与课件开发的开展方面具有十分明显的效率优势，这一点是传统"语言"系统做不到的。

第二，易用原则：对于同一种知识而言，如果通过一千名教师进行教授，自然就会存在一千种不同的教学方式。体育多媒体课件的实际操作具有简单、便捷、方便、容易使用等多项特征，如果想要体育教师真正地接受并使用它们，就需要体育多媒体课件的使用方法能够在较短的时间内被体育教师掌握，即便这个体育教师对于程序设计一窍不通，甚至是对于计算机的操作也了解甚少。

第三，开放原则：在高校体育教学开展的过程中，可以使用的素材是富有变化的，因此，体育多媒体课件要拥有一个几乎被所有多媒体格式都能兼容的体育多媒体课件创作开发平台，在提供或者应用各种各样高校体育教学素材的同时，还要支持各种各样输入的设备格式。此外，体育多媒体课件还应该保证存在的所有素材都能够得到充分利用，自己的产品不管是在哪一台计算机中都能够适用。

第四，价廉原则：体育多媒体课件创作工具选择的价廉原则是一种共同要求，在任何一个领域中都适用。当然，"质优"是必要的前提。

②体育多媒体课件创作工具简介

在体育多媒体教学课件创作的过程中，选择体育多媒体创作工具的时候必须对其存在的功能进行了解。通常来讲，体育多媒体课件创作工具具备的功能有很多，如为体育多媒体的编程营造良好氛围，多媒体数据管理功能，超文本功能，超媒体功能，对于体育多媒体数据的输入和输出都能够有效地支持，连接各种各样应用的功能，友好的用户界面，制作、编排动作的功能。

在体育多媒体教学课件创作的过程中，如果体育多媒体的创作工具存在于不同的界面中，那么就会存在不同的创作特点和创作风格，同时，每一种工具都会有不同的优点和缺点。如何对这些界面不同的创作工具进行选择，选择的主要依据是个人的偏爱与需要完成的创作任务。例如，如果仅仅是对学术会议的报告与研究生答辩内容进行制作，那么就不需要选择更加复杂的编程软件，而只需要对幻灯式创作工具进行选择、使用就可以了。但是，有一点需要说明的是，如果想要针对某一个领域的教育教学软件进行制作，以便于更好地辅助个别化教育训练的开展，或者是实际操作的练习中使用，那么就应该选择具有较强交互性的多媒体创作工具。对于几种比较常见的多媒体创作工作，作者进行了如下的分析：

体育多媒体课件创作过程中的幻灯式多媒体创作工具，一般来讲是一种在呈现上以线性为主的体育多媒体创作工具。而此种创作工具在应用中就是通过一系列的幻灯片的排列来对过程进行呈现，也就是按照顺序分离并展示屏幕。而此处所提及的幻灯片可以是简简单单的文字幻灯片，也可以是简单的图像幻灯片，还可以是由声音、图像、文字、视频或者动画等多种要素结合在一起的体育多媒体课件复杂组合。但是，有一点需要强调，那就是：一般来讲，此种体育幻灯式多媒体创作工具，在开始使用之前必须存在一个预先设置完整的展示程序。

幻灯式多媒体创作工具中比较典型的就是 Power Point，其显著特点就是简单、易学、易用，能够将一个创作展示的完整软件环境展示出来，不仅包含集成工具、格式化流程、绘画，还包含其他的多种选项。此外，对其包含的许多模板，使用者可以直接调用。但是，它也是存在缺点的，即只有简单的交互，甚至缺乏交互，并且存在的交互只在幻灯的线性序列的点之间进行跳转。在学术报告、汇报与演示过程中，此种幻灯式多媒体创作工具使用较多。

书页式多媒体创作工具的主要特点是，将相关的高校体育教学内容制作成一本书的形式，并存在"页"。这些页像书稿一样，也有一定的顺序。而上述的这一特征与体育多媒体课件创作的幻灯式多媒体创作工具是比较近似的，但是，两者之间也肯定会存在一定的差别，即在页与页之间能够有效支持更多的交互形式，给人一种身临其境，能够使使用者浏览真实书稿的感觉。书页式多媒体创作工具的典型是 Tool Book，此软件能够对应用程序进行想象，使之成为具有很多页的书籍，在它自己的窗口中可以对每一页的内容进行画面展示，有大量的交互信息与媒体对象包含其中。可以说，书页式多媒体创作工具与幻灯式多媒体创作工具相比，在结构方面，交互能够在一页内完成，显示出更加丰富的特点。对于 Tool Book 来讲，在一个独立存在窗口上，每一次只能显示一个的内容。因此，在应用程序中的实现只能是利用页面不同的现实才能够完成的。此外，使用者还能够在打开某一本书的某一页内容的时候，同时打开其他的书籍，所以，对于更加复杂化的一个层次结构的建立可以进行充分的考虑，也就是所谓的书架式的应用程序。此种书架式的应用程序的原理是在书架上，将多种多样的事物当作一本书进行放置。

Tool Book 是由 Asymetrix 公司负责开发的。Tool Book 是水平较高的面向对象开发的一个环境，能够将面向对象的一种程序设计语言 OpenScript 提供出来，两种相关的信息可以通过这种语言在一起链接，从而对于各种任务的完成起到一定的促进作用，例如，可以用于动画声音、计算数字、播放图像等。此种体育多媒体课件创作工具的特点，一般在其对应用程序的组织方面体现出来。此种创作工具具有较强的超级链接能力与超级文本能力。对于 Tool Book 而言，如果按照使用的角度对其进行划分，就能够分成两个主要层次，分别为 Tool Book 的作者层次和读者层次。从读者层面上来讲，用户能够执行对书的各种操作，同时，阅览它的内容。从作者层面上来讲，设计者能够使用命令来实现对新书的编写，在修改对象或者程序中各个页次对象等的时候可以对调色板与工具箱进行利用。

我国这里所用的时基模式创作工具是一种常见的多媒体编辑系统，主要将时间作为基础。运用此种编辑创作工具制作出的内容近似于卡通片或者电影。时基模式创作工具通常是利用看得见的时间轴来对显示对象上演的时间段与事件的顺序进行确定。在这样时间关系存在的情况下，它的出现形式可以是许多的频道，从而能够使多种对象得到安排，同时呈现出来。通常在这样的系统中会有一个控制面板的存在，主要是为了对播放进行控制，一般来讲，就像是常见的录音机与录放像机，主要包含了演出、快进、倒带、前进一步、后退一步、停止等按钮。

网络模式创作工具可以允许程序组成一个自由形式的结构，即可以从任何一个地方到另外的任何一个地方。同时，它存在着不固定的结构与呈现顺序。

在利用网络模式创作工具进行创作的过程中，作者需要建立自己的结构，也就是说作者需要尽可能多地完成工作。但是，在所有模式的多媒体创作工具中，此种创作工具是一个存在多种层次的、比较适宜建立的应用程序，其中比较典型的软件是 MEDIA Script，它能够从应用程序空间的任何一个对象使用户随意地跳转向其他的任何对象，访问是完全随机的。网络式的实现可以对任何一种程序语言进行利用，然而，它存在较高的计算机方面的要求，需要作者至少是一名程序员。

程序员在编程方面比较擅长，但会对于多媒体编辑创作系统的限制及依赖工具箱产生对象的方式很难接受，所以，想要他们对多媒体创作系统进行应用，完全地丢弃他们所熟悉的语言创作工具是非常困难的，是几乎不可能实现的。在这样的情况下，不仅要适当地保留传统语言的特征，还要对设计程序过程中所涉及的环境进行改进，使之能够向可视化操作的一个系统转变。如果这样的话，就能在程序编写的过程中，使程序员在充分利用传统语言的同时，还能够对多媒体开发的工具箱进行应用，并且还能够直接使用工具箱内的这些编码，使之变成能够得到重用的编码。可以预见，此种多媒体创作工具存在的应用前景是相当广阔的。

二、高校体育教学中微课的应用

（一）微课的内涵

1. 概念的界定

微课具有一些比较显著的特点，即碎片化、突出重点、较强的师生交互性、能够反复多次使用。微课作为一种全新的教学模式，能够使学生的碎片化学习活动随时随地地展开。

2. 微课的组成

微课的组成内容的核心就是示例片段，也就是课堂教学视频。不仅如此，也有与某一个教学主题相对应的辅助性教学资源，如素材课件、教学设计、练习测试、教师点评、教学反思和学生反馈等。在一定的呈现方式和组织关系下，它们共同营造了资源单元应用的"小环境",而这里所说的资源单元具有的显著特征是主题式的半结构化单元资源,因此,微课与传统的单一资源类型的教学资源是有一定的差异的,主要表现在教学设计、教学课例、教学课件和教学反思等方面;同时,微课与上述的这些教学资源之间存在着一定的联系,即微课作为一种新型的教学资源,其发展基础就是上述的这些教学资源。

3. 微课的特点

(1) 碎片化

微课视频具有10分钟左右的时长,将课程教学过程通过清晰的视频录制的方式进行呈现,一堂传统课堂教学的时间是45分钟,而原有的段状课程在微课的作用下,逐渐向点状课程转变,促进了更加精华、细致的课程内容的出现。因此,除了课堂的教学的时间以外,学生还可以利用课外的其他的零散时间,例如,学生在排队等待就餐的时候可以学习。所以,微课的显著特点之一就是碎片化。

(2) 突出重点

基于学生的学习特点,在微课显著碎片化特点的影响下,对于教师的教学能力,微课也提出了更高的要求。在微课视频的10分钟展示时间内,教师在将严谨的逻辑性进行体现的同时将课程内容的重点和亮点突显出来,真正地抓住学生的学习重点所在,从而使学生的学习兴趣得到更好的激发。

(3) 较强的师生交互性

微课作为一种新鲜的课堂形式,它的出现在满足学生知识渴求与猎奇心理的同时,还能够有效改善传统教学模式中教学内容单方面输出的情况。在微课教学开展的过程中,教师与学生之间的互动得到加强,不仅及时满足了学生课程学习的兴趣点。同时,对于学生存在的疑问,教师也能够及时进行回答。这无疑会为教师课程后期的设计提供便利条件,使现阶段学生的知识渴求得到一定的满足,进一步优化了课程的教学效果。

(4) 能够反复多次使用

在微课的模式下,学生能够按照实际需要,随时随地地展开体育学习活动,例如,在课程开始之前,学生可以通过微课来预习运动技能、巩固难点和重点、练习课后的动作等，上述的这些微课学习途径在进一步优化教学效果方面都能够发挥出有效的促进作用。此外，微课教学模式还可以使学生学习课程的积极性得到增强。

（二）微课在高校体育教学中的应用

由于微课存在碎片化、突出重点、较强的师生交互性与可反复多次使用的特征，因此，从体育微课的基本设计原则出发，开发质量较高的体育微课，有助于进一步地改善高校体育教学的现状，使学生学习体育运动项目的兴趣得到提高。体育教师对于体育方法微课的应用要始终坚持去探索。一般来讲，在高校体育教学中，主要会在以下几个方面将高校体育教学中微课的应用体现出来：

1. 微课应用在学生体育需求调研中

在高校体育教学实践活动正式开始前，体育教师应该按照课程逻辑将高校体育教学内容中的难点与重点提取出来，同时，还应该同现阶段体育栏目与体育热点新闻相结合，对体育微课进行制作，之后再将已经制作完毕的体育微课利用移动互联网的各种渠道实施学校范围内的广泛传播。通过对微课中学生的点击率与同帖评论内容的考察，体育教师能够有效地评定体育课程内容的合理性，保证体育教师更加深入地了解学生的兴趣与期待。此外，在前期对体育微课进行传播，能够有效地使学生体育学习的积极性得到调动，使学生更加期待即将学习的新学习内容，使学生的被动学习行为转变向主动学习行为，进而提升学生的体育参与度。

2. 微课应用在体育课程设计中

对于体育微课而言，微课完善了传统的高校体育教学模式，这也是多媒体时代下高校体育教学发展的必然结果。微课的出现使得原本的体育课程设计得到了重新的定义，能够保证体育课程有理有据、有血有肉。在高校体育教学开展的后期阶段，改变以往室内体育理论课与室外实践课分开开展的体育课程设计，将两者进行融合，同时，考虑多媒体时代大数据的时代特征，在设计室内理论课的时候，可以以教师和学生的信息数据交流为主，使他们的头脑风暴在体育课程中得到掀起，呈现出更加公平、更加自由的体育课程。此外，在这样的形势下，体育教师的教学思维能够得到更进一步的更新，使学生体育学习的热情得到提升。

3. 微课应用在体育课程教学中

一方面，体育教师可以根据新课内容和时事体育热点等设计新颖的新课导入微课，在课上给学生观看，目的是使学生的注意力得到吸引，使学生的学习兴趣得到激发；另一方面，对于高校体育教学中复杂的教学动作，教师可将其制作成微课，在上课时重复播放，使高校体育教学更生动、更直观、更形象、更具体。

4. 微课应用在体育课后辅导中

对于高校体育教学而言，每一节体育课堂教学的时间是 45 分钟，有限的高校体育教学时间限制了教师面面俱到地讲授内容，想要实现精细化教学几乎是不可能的。所以，一部分学生不能与教学节奏同步或者是学生不能对其所学运动技能充分掌握的情况必定会出现。所以，当体育课堂教学结束以后，教师可以将包含高校体育教学重点的微课视频向学生发放，以便于学生能够在课堂结束以后，对于已经学习的技术动作进行练习，对课堂上所学内容进行复习，切实做到温故知新，优化学习效果。

5. 微课应用在体育课程分享中

从本质上来讲，分享就是学习，一些学生喜欢在朋友圈中分享一些好的视频课程，感染身边的朋友、学生，使他们自身的学习圈子得到扩大。因此，教师应该构建一种倡导分享精神的学习共同体，要保证学习共同体成员之间能够互相督促，对有用的体育学习信息进行分享。例如，将微课应用在体育舞蹈教学过程中，在校学生可以对已经学习到的且比较感兴趣的体育舞蹈课进行分享，使越来越多热爱体育舞蹈的学生能够及时地对学习资源进行获取、分享。同时，学生还可以自发组织校园内其他兴趣一致的学生，一起学习体育舞蹈微课，促进了体育舞蹈社团的更进一步发展，通过对社团活动的有效组织，如"快闪"等，使学生的课堂学习以外的生活得到丰富。

三、高校体育教学中慕课的应用

（一）慕课的概念

1. 授课形式

慕课是一种将分布在世界各地的学习者和授课者通过某一个共同的主体或者话题而联系在一起的方法。

慕课的授课形式几乎都是每一周话题研讨的方式，并且只会提供一种大体的时间表给授课者和学习者，不会对学习者存在特殊的要求，仅会对内容进行简单的说明，例如，阅读建议、每一周进行一次的问题研讨、每一周进行一次的问题研讨等。

2. 主要特点

（1）规模比较大

所谓的规模比较大，指的是网络开放的大规模课程，而不是以个人名义对一两门课程进行发布。我们这里所说的网络开放的大规模，通常是指那些参与者发布出来的课程，这些课程一般会被人们称为"大规模的课程"或者"大型的课程"，慕课的典型形式就是这些课程。

（2）开放的课程

所谓的开放的课程，指的是一般会对创用（CC）协议严格遵守。可以说，开放的课程就能够被称为"慕课"。

（3）网络课程

网络课程指慕课的相关材料通常在互联网上散布，而不是面对面的课程。此种课程的显著特征就是没有上课地点的特殊要求。

（二）慕课在高校体育教学中的应用

1. 高校体育教学中慕课的应用价值分析

自慕课引入我国以来，已经过了很长的一段时间。对于此种新式的教学方法，许多学校都已经进行了尝试，但是，慕课在高校体育教学方面的应用非常少。实际上，慕课的教学方式在高校体育教学方面也是非常适用的。

随着社会网络的日渐发达，人们每一天都会上网，不管是对网页进行浏览，还是刷微博，网络在现代人们生活中承担的责任越来越重要，而对于慕课而言，就是对于此种现状进行利用，在学习开展的过程中充分利用网络条件。

除此之外，作为一种学习方式，慕课还具备一定的主动性特征，任何人的监督与强迫都不会产生作用。按照自己的个人兴趣爱好，使用者可以选择学习自己喜欢的运动。同时，慕课所拥有的资源范围是非常广泛的。在高校体育教学开展过程中对慕课进行应用，教师和学生可以实现对国外高校体育教学资源的分享与使用。

在现阶段，学校体育课的开展形式主要是体育教师授课，学生接受学习，即在高校体育教学课堂教学中，教师先进行讲解、示范，之后学生再进行练习。然而，我国大多数中小学、高中体育课的开展时间一般是45分钟，当体育课的准备活动做完以后，由体育教师进行体育技术动作的讲解与示范，此时一堂体育课的时间已经耗费了很多，学生的练习活动无法在剩下的时间全部展开。然而，对于这个问题，慕课就能够很好地进行解决。这是因为当体育课堂教学结束以后，学生在课后能够自行复习。体育微课视频包含真人操作与讲解，能够帮助学生对于白天体育课堂学习的动作进行复习与记忆。尽管高校体育教学时间长达一个半小时左右，学生能够拥有足够的时间去学习、练习体育运动技术，但是，他们只能对每门体育课修习一次。虽然基本上每一个学期所要学习的内容都是相同的，但是学生之间让仍会存在差异。

在高校体育教学中应用慕课的教学方式，不仅能够保证学生深入学习活动的开展，还有利于学生掌握学习进度。同时，由于慕课的学习资源是非常丰富的，有利于学生寻找适合自己的运动方式。例如，对于一部分学生而言，可能剧烈的运动不适合他们，所以，他们可以在慕课中寻找比较适合自己的运动，如此一来，不仅能够避免损伤身体的情况发生，还能够使体育锻炼的目的顺利实现。

实际上，如今许多家长都比较重视学生的体育锻炼问题。为了保证孩子的健康成长，家长总是喜欢带着孩子从事散步、晨练等体育锻炼活动。但是，这些体育活动的效果能够真正实现吗？在大多数时候，人们通常会认为，只要自己去参加体育锻炼了就会有益自己的健康,然而,需要注意的是,如果人们不能应用健康的方式开展体育锻炼的话,那么在浪费了体育锻炼时间的同时,还会在一定程度上造成身体伤害。如果在高校体育教学中应用慕课的方式,那么在体育运动锻炼的过程中,学生可以参考标准的动作去完成体育锻炼。在这样的情况下,就像是有一个专业的私人教练陪在学生身边,对体育锻炼活动进行正确的指导。

2. 慕课应用在高校体育教学中的未来发展

慕课来源于国外,在我国才刚刚开始起步,有一些内容对于我国高校而言是不适用的,必须进行一定时间的磨合才能够与我国的教学理念相适应。

基于这样的形势,我国大部分高校应该按照自己的特点自行录制慕课视频。同时,在录制慕课视频的时候,可以是多个学校的教师共同参与录制、讨论,然后再对多个优秀的视频进行选择,并且将优秀视频上传到网上,方便学生进行观看、下载、学习。由于不同的教师在讲课的风格与方式上会存在不同,而慕课中包含多个教师的教学课程,因此学生就能够对最适合自己的教师进行选择。此外,对于参与人数多的大课,能够有效改善学生听课效果不佳的情况。将慕课应用在高校体育教学中,能够使小班教学的目的得以实现。同时,同一学科由多个教师进行录制,能够使比较和竞争更加容易形成,能够帮助教师对于自己的教学缺点更加仔细地观察,使高校体育教学质量得到提高。慕课在高校体育教学中的应用主要以在线教学为主,所谓的监督制度是不存在的,因此,要求学生的自主学习能力是比较强的。在高校体育教学考核的问题上,计算机考核的方式可以不再使用,体育教师组织学生开展在线学习以后,再安排传统方式的考试即可。只有这样才能够使学生通过计算机检测进行作弊的情况得到有效避免。此外,教师还能够对于学生通过慕课进行学习的效果进行检测。

需要注意的是,对于慕课教学而言,并没有将教师完全地解放。例如,在高校体育教学开展的过程中,通过慕课教程开展教学的方式是可取的,但是,如果学生出现一些疑问,则只能是对同一个视频进行观看。因此。教师与学生之间的定期交流应该存在,如此一来,不仅能够使教师和学生之间的感情得到增进,还能够对学生的学习产生一定的帮助。尽管我国对于慕课的应用还处于刚刚开始的发展阶段，但是，在现代网络发展的背景下，慕课的发展是一种必然趋势。将慕课应用在高校体育教学中，能够给教师未来教学的开展带来一定的启示，需要注意的是，在使用慕课方式开展高校体育教学的时候，还应该同国内的高校体育教学情况相结合。例如，在篮球运动课堂教学开展的过程中，不仅要对手指上的动作进行教学，还要对脚上的动作进行教学，更重要的是还要将两者的教学活动紧密地联系在一起。因此，在制作相关慕课的时候，不仅要将这些动作进行分解，还要有一个规范的整体动作，以便于学生学习活动的开展。查阅相关的文献资料可知，尽管国内已经引入慕课的教学方式，但是，慕课在高校体育教学中的应用还不广泛，如果想要对一个体育慕课的完整体系进行构建，那么就需要具备相关的慕课课程。一般来讲，由国外引入的教学资源通常都是外语，存在大量的体育专业名词，导致学生在理解上容易出现困难。面对这样的情况，在制作慕课的时候，可以聘请我国国内优秀的体育教师结合具体的教学情况进行制作。此外，针对制作慕课的情况，还要对一定的标准进行设定，如果慕课没有达到标准，就不能够被使用，这对于慕课的发展与进步是非常重要的。

第三节 高校体育教学之翻转课堂

一、翻转课堂的概念

（一）含义

翻转课堂，来源于英文"Inverted Classroom"或"Flipped Classroom"，通常是指重新调整教学课堂内外的时间，从本质上来讲，就是学习的决定权不再属于教师，而是由学生掌握学习的主动权。在翻转课堂教学模式的应用过程中，学生能够在课堂有限的时间内更专注地开展学习活动。对于全球化的挑战、本地化的挑战、现实世界中存在的问题，教师与学生能够一起研究、解决，使得获得理解的层次更加深入。

在课堂教学开展的过程中，教师不会再耗费大部分的课堂时间去讲授信息，在课堂教学结束以后，学生需要自主地完成这些信息的学习，可以利用的方法有：听播客、看视频讲座、对功能强大的电子书进行阅读，或者是通过网络与其他同学一起讨论。综上所述，在翻转课堂教学模式应用过程中，不管什么时候，学生都能够对自己所需的材料进行查阅。

此外，教师同每一个学生进行交流的时间也得到了增加。当课堂教学结束以后，学生就能够自主地对学习节奏、学习内容、学习风格与知识呈现的方式进行规划，同时学生的知识需要少不了教师对讲授法与协作法的使用，从而使学生实现个性化的学习，最终的目的是通过实践活动保证学生学习活动的真实性。

（二）主要特点

在很多年以前，人们就对视频教学的方式进行过研究、探索。最直接的证据是：世界上大部分国家在 20 世纪 50 年代的时候就开展了广播电视教育。为什么传统教学模式没有受到当年所做探索的任何影响，而翻转课堂教学模式却被人们广泛关注呢？这是由于"翻转课堂"具有以下几个明显特点：

1. 教学视频的短小精悍

不管是亚伦·萨姆斯与乔纳森·伯尔曼的化学学科教学视频，还是萨尔曼·汗的数学辅导视频，它们都有一个显著的共同点，即教学视频短小精悍。即便是较长一些的视频也只有十几分钟的时间，而大部分的视频通常只有几分钟。同时，每一个视频存在的针对性都是比较强的，如果能够针对某一个特定问题，那么也就会比较方便进行查找；应该尽量在学生注意力比较集中的时间范围内控制视频的时间长度，与学生的身心发展特征相适应；在网络上发布的视频存在回放功能、暂停功能等，学生能够自行控制，使学生的自主学习能够得以顺利实现。[①]

2. 教学信息的明确清晰

在萨尔曼·汗的教学视频中存在一个比较明显的特征，即唯一能够在视频中看到的就是他的手，不断地书写一些数学符号，并且将整个屏幕慢慢地填满，

---

① 郭建鹏. 翻转课堂与高校教学创新 [M]. 厦门：厦门大学出版社，2018.

同时，在书写的同时，还有画外音的配合。对此，萨尔曼·汗的观点是，在这样的方式中，与我站在讲台上讲课是不一样的，这样的方式就像将我们聚集在同一张桌子前面，一起学习，在一张纸上写下内容，使人感觉贴心。这也是与传统的教学录像相比，翻转课堂教学视频的不同之处。如果在视频中出现了教室中的各种摆设物品，或者是教师的头像，那么就非常容易分散学生的注意力，特别是当学生处于自主学习状态的时候。

3. 重新建构学习流程

学生的学习过程一般会有两个组成阶段，即：第一阶段，传递信息，其实现需要教师与学生之间的互动、学生与学生之间的互动；第二阶段，内化吸收，需要学生在课堂教学结束以后自己完成。在学生完成的过程中，因为缺少教师的支持与其他同学的帮助，所以，学生在内化吸收的阶段经常会出现挫败感，使他们丧失掉学习的动机与成就感。

"翻转课堂"的教学模式使学生的学习过程得到重新建构。第一阶段的传递信息，是在课堂教学开始之前由学生完成的，而教师在对视频进行提供的同时，也对在线的辅导进行提供。第二阶段的内化吸收，是在课堂教学开展的过程中，由互动而实现的，对于学生存在的学习困惑与困难，教师应该提前进行了解，同时在课堂教学开展过程中对学生进行有效的指导。而学生与学生之间的交流活动，对于学生内化吸收知识的整个过程，还能够起到一定的促进作用。

4. 复习检测的快捷方便

当学生观看完教学视频以后，就会看到视频结尾处出现的几个小问题，通常是四个或五个，能够帮助学生及时检验自己的学习情况，同时，根据自己的学习情况作出合适的判断。如果对于这几个问题，学生的答案不是很理想，那么学生就应该回放一遍教学视频，对于出现问题的原因仔细思考。同时，通过云平台，教师可以将学生回答问题的实际情况及时地进行汇总、分析、处理，使教师对学生学习情况的了解更加客观、全面。教学视频的另一个明显优势就是能够在经过一段时间的学习以后，方便学生对学习到的知识进行复习与巩固。评价技术的不断发展跟进，使得学生学习的相关环节具有足够的实证性资料支撑，这对于教师在真正意义上了解学生是非常有帮助的。

二、体育翻转课堂的实施策略

（一）做好在线虚拟教学平台的建设

在线虚拟教学平台搭建的主要目的是为翻转课堂的实施创造前提和基础，这一平台主要包括教学内容上传模块、师生交流与答疑模块、在线测试与评价模块、学习跟踪与监控模块以及学习总结与成果展示模块等。体育教师通过这一平台，就可以将与高校体育教学相关的微视频、PPT、各种音频等教学材料向在线虚拟教学平台上传，还可以借助这一平台实现作业发布、在线测验、监控督促、在线交流、在线评价等；学生则可以通过这一平台进行学习材料下载或在线学习，并与体育教师实现及时的交流与沟通。

（二）注重评价机制的创新

翻转课堂教学模式下的高校体育教学评价不能限于传统的纸笔测验，评价内容、评价主体、评价标准和评价方法等都应区别于传统教学，否则，翻转课堂的实施就会流于形式。翻转课堂模式下的高校体育教学评价应该把"以评促学""以评促教"作为评价的主要目的，并将学生的进步程度作为评价的主要指标并注重多元化评价的采用，只有这样，评价才能既有针对性又不失全面性。多元化评价主要表现在评价主体、评价内容、评价方法、评价阶段等方面，紧紧围绕促进学生的学习和促进教师的教学两个方面，最终将提高教学实效作为评价的主旨。

（三）追求体育课堂实效，避免翻转课堂异化

翻转课堂作为一个新生的事物，虽然顺应了信息化社会的时代背景，但还没有形成公认的科学实施模式，各个学科对翻转课堂的研究成果较为丰富，但各类研究也存在很多的不足，为避免翻转课堂异化，需注意以下几个方面：

1. 避免弱化体育教师的作用或过度强调学生中心

在翻转课堂模式下，体育教师虽然把课堂讲解与示范的时间让位给了学生，但并不代表教师的作用被弱化了，事实上，体育教师的作用变得更加关键，而不是被弱化。课前教学视频的录制和搜集、教学资料的优化与整合、在线虚拟

教学平台的建设与管理，课中体育教师的讲解与示范、学生活动的设计与组织，课后学生学习结果的考核与评价、教学方案的优化与修订等，每一项工作都离不开教师的付出。如果将体育教师的作用过度弱化，学生的学习就会失去系统性和效能，高校体育教学最终难逃沦为"放羊式"的结果。

2. 避免忽视学生课前学习的跟踪和监测

对于翻转课堂教学模式而言，"掌握学习"是其建构的重要基础。翻转课堂的有效实施离不开学生的自主学习性。作为现实社会中的复杂存在，学生在课堂教学开始之前的在线学习中，并不是每一次都能够针对高校体育教学内容有效地、自觉地学习。因此，教师有必要对学生进行适当的检测与跟踪，这不仅能够对学生的技能学习和知识学习的完成起到督促作用，还能够有效培养学生的自主学习能力。

3. 避免忽视学科的差异

现阶段，翻转课堂教学模式的相关理论研究成果与实践研究成绩主要建于其他学科的基础之上。在体育学科的理论等方面的研究还并不十分成熟，在对高校体育教学中翻转课堂教学模式的应用进行研究的时候，我们对于其他学科的实践经验不可避免地要进行借鉴。但是，学科与学科的差异是肯定存在的，在其他学科领域比较适用的理论和经验，在体育学科中不一定适合使用。因此，在翻转课堂教学模式进行具体实施的时候，我们应该要把握好体育学科本质特点，应该有选择地吸收、借鉴其他学科的理论与经验，避免出现生搬硬套的情况。

4. 避免偏离翻转课堂的本质

实施翻转课堂教学模式的主要目标是在一定程度上提升高校体育教学的时效性，这一点是毫无疑问的。体育课程教学的一种至高境界是对于既正当又有效的高校体育教学进行贯彻，如果过分追求形式而对高校体育教学的效果不够重视的话，那么即便是翻转课堂的教学模式得以实施，也不存在任何的意义。

在高校体育教学改革深入发展的特殊阶段，在广大体育教师积极投身于高校体育教学改革的今天，对于翻转课堂教学模式，我们依然应该谨慎地对其缺陷与优势进行审视，尤其是要避免偏离翻转课堂的本质而过度追求形式的情况。

三、翻转课堂在高校体育教学中的应用

（一）高校体育教学中实施翻转课堂的价值探析

当前，翻转课堂在我国的兴起，但对于翻转课堂的价值进行深入探讨似乎还未引起理论层面的重视。为了更好地应用和推广翻转课堂，应对翻转课堂在高校体育教学中的核心价值予以探讨。

1. 翻转课堂使高校体育教学与信息技术的有机结合得到实现

在信息化社会，学生的生活方式和学习方式发生了深刻的变化，借助手机、计算机等信息化平台进行学习和交流已经成为他们的日常习惯。为适应学生在行为和习惯上的变化，教学信息化在所难免。

翻转课堂作为信息化社会的产物，使教学与信息技术得到有机结合，高度迎合了学生的日常习惯，改变了传统课堂呆板的模式和形象，使学生的学习变得更加自然和有趣。体育教师通过上传视频、三维动画、PPT 等丰富而直观的教学材料，设置系统有序的学习导航，加上教师对学生客观而有趣的在线评价和在线交流，一个有益于学生身心发展的教学环境被创建出来，这不仅有效增进了师生之间的情感，更提高了学生的学习情趣和自主性，也为体育教师有效组织体育课中的教学活动奠定了基础，这对提高高校体育教学的实效性是非常有利的。

2. 翻转课堂有助于实现高校体育教学的精讲多练

学生在课堂上学习和练习的时间总量是一定的，新知识、新技能的学习耗时过多，学生从事体育练习的时间势必减少，体育课的健身性以及学生对知识、技能的掌握和内化就会大打折扣，因此，精讲多练符合体育课堂教学的要求。在翻转课堂模式下，在课前，学生通过观看教学视频，对高校体育教学内容有了初步的认知，对体育学习中的难点深有感受。在遇到无法解决的问题时，学生可以通过在线交流平台及时地将问题反映给体育教师，这样体育教师就会对学生的课前学习情况有所把握；在课中，体育教师可以依据学生所反映的问题进行针对性极强的讲解或个别指导，不需要对每个问题都进行讲解，这样就省去了很多讲解的时间，学生在课中进行体育实践的时间就被延长了，精讲多练的目的自然就达到了。

3. 翻转课堂使高校体育教学要素的优化组合得到实现

从高校体育教学要素的层面上来讲，翻转课堂与传统的高校体育教学模式之间存在的区别并不是很明显。翻转课堂主要是利用科学合理的重构高校体育教学要素来使高校体育教学的效能实现增值的。我们之所以将翻转课堂判定为一种革命性的高校体育教学方式创新，主要是由于此种教学模式在对高校体育教学要素的各种功能进行准确定位的情况下，体育教师与学生的主体性地位得到了转换，使体育课程的资源得到拓展，促进了高校体育教学目的的实现、高校体育教学方法手段与反馈机制的合理调整，对学生体育学习的良好环境进行创设，进而从质的层面改变了高校体育教学的形态与结果。同时，需要注意的是，翻转课堂在组合高校体育教学要素的问题上并不是固定不变的，而是动态的；不是呆板的，而是灵活的。在高校体育教学的实践活动中，按照实际的需要，体育教师对于各教学要素间的组合关系可以随时进行调整，以保证特定高校体育教学目的的实现。只有对于这一点充分认识，才能够保证我们能够将翻转课堂作为固定范式进行看待，进而使高校体育教学中应用翻转课堂教学方法流于形式的情况得到避免。

4. 翻转课堂能够促进高校体育教学中素质教育的实施

素质教育的主要目的是对于受教育者的综合素质进行全面提高，而值得注意的是，综合素质的提升离不开人的全面发展，同时，对于学生个性的培养，我们也不能忽略。个性的完善不仅是素质教育开展的价值理念，还是素质教育的目标理念，培养个性、促进人的全面发展是素质教育的真谛。

在翻转课堂教学模式应用的过程中，学生的学习目标是统一的，同时，按照学生的具体实际，体育教师可以对学生的个体目标进行制定。对在线高校体育教学视频的观看，可以保证学生自主学习的实现，按照学生的学习能力来确定高校体育教学视频的观看次数，而按照学生的学习基础来由学生自主选择观看的内容；从反馈问题的层面上来讲，通过在线交流平台，学生能够将学习中的问题随时向教师反映，同时，获得教师的及时教导；从学习评价的层面上来讲，体育教师对于学生进行评价的根据是学生的进步程度，同时将小组评价和个人评价融入最终评价结果之中，这种评价模式有助于让学生明确其在学习过程中的优点和不足，并时刻感受自己在不断提高。可见，翻转课堂这种个性化的教学模式对于学生端正学习态度、激发学习兴趣、提高沟通能力、培养正确的价值观以及促进学生的全面发展都是有益的。

（二）将翻转课堂教学方法引入全新高校体育教学模式

我们常说的高校体育教学模式主要是指在一定高校体育教学理念、高校体育教学思想的引导与高校体育教学理论的指导下，建立起来的各种各样高校体育教学活动的基本框架或者基本结构。一般来讲，高校体育教学模式包含多种要素，即高校体育教学理论依据、高校体育教学原则、高校体育教学程序与学习程序、教学资源与实现条件，以及高校体育教学效果评价等。将翻转课堂教学方法引入高校体育教学的全新高校体育教学模式具体包含以下几个方面的内容：

1. 翻转课堂引入高校体育教学的理论依据

在高校体育教学中应用翻转课堂的教学模式主要的思想基础是"先学后教"思想，对于高校体育教学活动中学生的教学参与与学生的主体性进行强调。从高校体育教学的特征与行为心理学原理出发，特别是对斯金纳的操作条件反射理论进行考虑，对高校体育教学的程序进行确定，具体是：利用视频学习——对于联系吸收理解——再通过视频回顾——互动反馈——强化实践——学习、掌握，并且在这样循环、反复的高校体育教学过程中，对于行为目标进行有效塑造；同时，按照学习的过程与教学的实际效果、学习主体对体育"教"与"学"的活动过程进行不断完善与创新，促进预期高校体育教学目标与学习目标的实现。

2. 翻转课堂引入高校体育教学的程序

将翻转课堂教学方法引入高校体育教学的全新高校体育教学模式，其主要基础是优质的交互学习社区与视频资源，因此，可以将高校体育教学程序与学习程序进行如下的设计：对于高校体育教学内容进行预习——对于高校体育教学视频有针对性地进行观看，再进行示范、讲解——使学生学习动机得到激发，对学习过程中的问题进行发现——在课堂教学中由教师对新课进行讲授，对于学生的疑惑进行解答，并进行示范——有学生自主进行练习与实践，对体育学习效果进行巩固——对体育学习效果进行反馈，由教师、学生进行评价——通过资源拓展完善、知识和技能结构的扩展，以及反复练习实践对理解与训练效果进行加强。

3. 翻转课堂引入高校体育教学的条件和资源

近些年来，慕课教学平台的快速发展与互联网的广泛普及，创造了良好的条件以便于翻转课堂高校体育教学模式的实施。然而，对于现代高校体育教学来讲，我国的高校体育教学相关视频与学习资料还是相对较少的，所以，我国的体育教师应该从体育课程与教学内容出发，自行制作与设计高校体育教学资源。对于高校体育教学内容而言，主要有理论教学内容与动作讲解、演示的视频，保证体育练习活动的理解性与课余训练活动的实践性，既要有动作示范的要领分析，又要有训练实践的摄像记录视频。此外，还要有拓展性的教学资源和学习资源，以及专题性的研讨问题等。不仅如此，体育教师在组织学生观看教学视频、开展练习活动和训练活动的同时，还要保证在交互社区体育教师能够对于学生的疑惑及时地进行解答、讨论与指导。

4. 翻转课堂引入高校体育教学的效果与评价

将翻转课堂教学方法引入高校体育教学的全新高校体育教学模式，能够使学生体育学习的兴趣得到激发，使学生自主发现、学习、探索、分析、解决问题的综合能力得到培养，促进学生技术和技能的提升，还能够有效促进学生自主学习能力、社会发展适应能力、互相合作能力的培养与发展。体育教师应该通过交流与活动对学生的学习情况与进度实时地进行了解，还要对反馈信息及时掌握，同时再从所获得的情况出发，适当地进行引导，对于学生的学习积极性进行鼓励并充分调动，在高校体育教学与讲解活动开展的过程中，针对不同的学生因材施教。将翻转课堂应用在高校体育教学中的相关活动适宜于小班教学，在大班教学中一般很难实施。而对于学生的评价而言，需要注意的是，它同其他文化课程是不同的，在对其学习效果进行衡量的时候，不能单纯地将考试成绩作为标准。在学校高校体育教学中，应该对"健康第一"的指导思想始终坚持，还要在体育考试的各个环节中渗透"健康"的标准；对于标准化的项目应该适当地减少技能考试，还要有效改进高校体育教学的评价标准，尽可能地避免学生由于害怕考试而出现的体育厌学心理与逆反心理。此外，对于学生应该积极地引导，使他们加深对高校体育教学的相关认识，使得学生体育锻炼良好习惯的养成得到促进，并且要积极构建同高校体育教学目标相适应的人性化测试方法。

第四节　高校体育教学之快乐体育

一、快乐体育论的基本内涵

快乐体育思想是指从终身体育与个性和谐发展需要出发，把运动作为学生将来的生活内容教给他们，让学生体验从事、理解、掌握、创造运动的乐趣，从而激发学生参加运动的自觉主动性的体育教学思想体系。它尊重学生在体育教学过程中的主体地位，重视激发学生对体育运动的兴趣，并认为体育教学过程就是令人快乐的、有吸引力的事情，其基本内涵包括以下三个方面：

（一）体验运动的快乐感

体育教学过程究竟追求什么目标，想得到什么样的结果？这是学校体育理论中的必须回答的问题。传统的学校体育理论认为，体育教学的主要目标是追求运动技能的规范与提高，以及体力的增强。目前，它已逐渐转变到全面提高人的素质，促进个性和谐发展上来了。快乐体育思想正是从这一高度来评价体育教学过程和体育教学目标。从这一意义上讲，促进学生个性和谐发展是快乐体育思想的根本精神所在。快乐体育与学生个性和谐发展方面存在辩证的关系：一方面，学生的个性倾向性和个性发展水平往往在是否愿意学习体育，以及愿意从事哪些运动项目和怎样在学习中充分表现出来；另一方面，快乐体育过程又是促进学生个性和谐发展的有效手段。在快乐体育思想的影响下，学生的独立性、自主性和创造性等积极的个性特征能够得到充分的发挥和发展。

(二)学生的主体地位

传统的体育教学理论过分强调体育教师的主体地位、主导作用,认为学生只是一个进行教育培养的客体,只能被动地接受体育教师的教育培养,导致学生主体地位的丧失和学习积极性的泯灭。快乐体育思想特别重视学生在体育教学过程中的主体地位,认为学生在体育教学过程中是发展个性、积极主动、独立自尊的人。

快乐体育思想认为,在体育教学过程中,学生的地位是由学生的主体意识决定的。因为体育教育只有在得到学生主体意识的选择决定后,才能对其知识、能力、个性品质、身体等方面的发展发挥作用。另外,学生开展体育学习的体育基础、学习目标与追求、个性心理特征、生理特征、学习方式方法等各不相同,具有鲜明的"这一个"特征,教师只有最大限度地适应学生的要求,因材施教,鼓励学生自觉主动创造,才能取得良好的教学效果。

(三)建立和谐的师生关系

快乐体育思想认为,积极、健康、和谐的师生关系应是师生互相尊重、互相结合。教师要尊重学生在体育教学过程中的主体地位和选择性,只有这样才能达到良好的体育教学效果。良好和谐的师生关系是学生个性和谐发展的重要条件,是体育教学活动取得成功的重要因素。从这一意义上讲,没有和谐的师生关系就不可能有真正意义上的快乐体育。教学艺术的本质就是促使学生乐于进行体育学习,产生运动乐趣。因此,体育课必须是能使学生自发、自主地享受运动乐趣的一种活动。从某种程度上讲,快乐而有吸引力的教学活动、学生轻松自如而又饶有兴趣的学习气氛所造成的学生乐学情感是实现快乐体育的中介和桥梁。

二、快乐体育的科学基础

快乐体育理论与实践是一个比较完整的体系,它的产生与发明是以其他学科的研究或成果作为科学基础的。马克思曾经明确指出:"人们的社会历史始终只是他们个体发展的历史,而不管他们是否意识到这一点。"①他还十分强调个人的发展,指出:"每个人的自由发展是一切的自由发展的条件。"快乐体育的本质就是承认学生的差异性、尊重学生的个性、强调学生是学习主体,从而调动学生的自主性和积极性,以达到提高体力、培养体育能力、发展个性的目的。

(一)快乐体育的心理学基础

心理学研究认为,人的心理系统是由认识和情感两大系统构成的。在人进行各种活动时,两大心理系统是互相影响、互相促进的。学生的体育学习活动也不是仅由认知系统实现的,而在整个学习过程中都有情感系统的参与,并由被称为内在的动力因素的情感为媒介来实现。只有使学生在体育学习活动过程中体验各种运动所具有的独特的快乐感和喜悦感,体验经过艰苦努力而取得成功和进步的积极情感,进而激发学生从事体育学习的动机,才能真正强化体育学习的效果。

(二)快乐体育的生理学基础

现代生理学研究证明,人们的不同情绪体验会伴随人的机体内部的一系列生理变化。当外界刺激使得原有的动力得到维持、扩大、发展时,人就容易产生积极的体验。此时,脑垂体就会使内分泌系统积极活动、肾上腺素加速分泌、血糖增加、新陈代谢过程加快,进而使整个神经系统的兴奋水平提高。在这种条件下,人的大脑皮层容易形成优势兴奋中心,各种暂时的神经联系容易建立,体力水平也有所提高,从而使体育学习,包括体育知识与运动技能的学习效率大大提高。另外,只有在这种条件下运动,才能更利于体质的增强。

(三)快乐体育的教育学基础

在中外教育史上,许多著名的教育家大量关于"乐学"的论述,是现代乐学思想发展的源泉,也是直接构成快乐体育教学思想的教育学基础。近年来,现代教育的主题之一是如何使学生的个性得到和谐自由的发展,也直接影响了

---

① 马克思,恩格斯.马克思恩格斯选集:第1卷[M].中共中央马克思恩格斯列宁斯大林著作编译局,编译.北京:人民出版社,1995.

快乐体育与实践。另外，随着"合作教育学"的崛起，师生关系方面发生了根本的改变，师生关系更趋平等民主，这些都为快乐体育奠定了比较坚实的教育学基础。

三、快乐体育的方法

快乐体育论依据游戏分类，以及各个运动项目特有的性质将教学内容分为两大类：一类是满足学生运动动机的运动，包括满足学生的竞争动机的运动——学生与学生竞争的运动、学生与物竞争的运动、学生与观念和原有成绩竞争的运动。另一类是满足发展需要的运动，主要是各种基本体操。

在以往的教学过程中，教师首先为学生确立一个达到标准的共同目标，然后再进一步考虑采用什么样的方法达到这一目标。这种方法忽略了学生的能力基础和学生的能动性。

（一）充分发挥学生现有的能力

学习目标不仅应与学生的身体发育水平以及运动技能基础相契合，更为重要的是与学生知识水平、想象力与享受运动乐趣的水平相一致。例如，把体育课准备活动中原来的慢跑、徒手操变换成模仿动物跑、跳，把各种手脚的活动变换成带顺口溜的小游戏进行，使得学生不仅情绪高涨，而且学习效果显著。

（二）发挥学生的能动性

众所周知，在教学过程中，教师起主导作用，而主体是学生。所以，在强调必要的课堂纪律的同时，对学生的喊声、笑声不能一律强行制止，学生之间的提示、提醒、鼓励、庆贺等对于课堂气氛，以及提高学生的兴趣和士气都有积极的作用。

（三）应注重对学生能力的培养

无论是体育课还是课外体育活动，学生都应有一定的自由度。教法的制定除紧紧围绕着教材内容这个中心外，还必须充分考虑对学生主观能动性的培养。教师不能只是威严的发号施令者，而应把主要精力集中在指导和辅导上，让学生各尽所能、各取所需。但是，教师还必须强调规则和注意事项。

四、体育游戏与快乐体育教学模式重构

（一）体育游戏的内涵

体育游戏作为一种社会现象，随着人类社会的产生和发展而不断发展。在人类社会漫长的历史中，体育游戏经历了一个由萌生、发展到不断完善的过程。何谓体育游戏？有学者提出，它是游戏的一种，是以身体练习为基本手段，以增强体质、娱乐身心、陶冶性情为目的的一种现代游戏方法，是按照一定目的和规则进行的一种有组织的体育活动，也是一种有意识的、有创造性和主动性的活动，其基本特征是大众性、普及性和娱乐性。也有资料指明，体育游戏是以游戏为活动形式，以身体练习为基本内容，以促进德、智、体全面发展为目的，按照一定规则进行，具有浓厚娱乐气息的身体练习和思维练习方法的一种特殊的体育运动。它对人体基本动作形成、增强人体能力和智力、陶冶情操、培养锻炼兴趣起着积极作用。

综合以上对"游戏"和"体育"含义的理解可以明确体育游戏的定义，即体育游戏是按照一定目的和规则进行的一种有组织的，以身体练习为基本手段，以促进人身心全面发展为目的，是体力活动和智力活动相结合、富有浓厚娱乐气息和鲜明教育意义的自主活动。由于体育游戏理论是游戏理论的一个分支理论，所以，它具有完整的、有逻辑的游戏知识体系。

（二）体育游戏的特征

1. 趣味性

《辞源》中说，"游戏乃玩物适情之事也"，即游戏是有趣的玩类的事情，能使人在精神上得到某种欢娱，能满足人们对娱乐的需求。尽管它不能直接创造物质财富，但是能吸引各种不同的对象主动参加。不管何种类型的游戏，组织参与游戏活动，首先是有趣好玩，从中得到欢乐。体育游戏也是如此，所以趣味性是体育游戏的第一大特征。如果没有趣味性，则不能称之为体育游戏，而只能称之为体育练习或身体练习。

2. 教育性

体育游戏是学生的"良师",是体育老师的"益友"。体育游戏教学有助于丰富教学内容,激发学生的学习动机,培养学生的思维能力、创造能力和竞争力,提高学生的注意力,改善学生的心态,完善学生的个性,培养学生的意志品质,建立良好的师生关系,提高学生的身体素质和健康水平,使学生在德、智、体、美诸方面全面发展。体育游戏教学践行并实现了"健康第一"的指导思想,在未来的体育教学中一定会发挥更大的作用。

3. 竞争性

体育游戏大多都具有以个人或集体取胜为目的的竞争性特征,通常都以游戏完成的数量、质量、速度为判别胜负的依据。因此,它充分体现游戏参与者体力、智力上的竞争特点,通过游戏活动可提高参加游戏者的身体活动能力、思维能力、应变能力和创造能力,并在游戏中培养学生团结互助的集体主义精神,使参与者在竞争中实现精神上的满足。

(三)基于体育游戏的快乐体育教学模式重构措施

1. 贯彻"安全""健康"和"娱乐"的教学指导思想

"安全"问题是体育教学中最先考虑的问题,由于这个问题会带来严重的后果,限制了体育活动的开展,而这里寻求的是在保障安全的活动环境下,学生德、智和体等方面全面发展,即"健康"成长。"健康"是体育教学的追求,而"娱乐"配合"健康",在这里把两者并列,主要因为"娱乐"是"健康"不可或缺的途径。因此,只有统一三者,才能准确定位快乐体育教学的指导思想。三者合为一体才是一个良好的教学指导思想,快乐体育的原则就是更"安全"、更"健康"、更"娱乐"地完成课程,三者的关系相互联系、不可分割。"安全"是课程完成的基础,是学生的基本保障。"健康"体育课的根本所在就是要提高学生的身体素质,通过锻炼方式来予以提高,从而达到健康的目的。"娱乐"就是在前两者的基础上通过娱乐身心的方式,在安全的基础上来达到活跃身心健康的目的,这也是快乐体育所带来的一种教学效果。

2. 建立以增强体质，促进人格完善的教学目标

众所周知，科学合理的体育活动能使身体更加健康。随着深入的研究，人们发现学生在积极参与运动的过程中，思维变得更加活跃和敏锐，创新能力大大提高。同时，活动环境的熏陶也能够加速个性社会化的形成，而学生认知能力的培养和个性社会化的形成则能促进人格的完善。社会的发展对于人才的要求越来越高，人的基本素质也需要提高。在基础的课程中，培养学生身体素质、提高健康水平是体育课的目的之一。当前的社会需要及课程要求培养学生的动手能力，体育课的转变方式就在于如何在基本的思想上，让学生更好地完成教学目标，快乐体育的融入把学生的思想精力带动起来，融入课堂里，在环境因素影响的同时，心理得到了锻炼，人的身体得到锻炼，思维方式得到锻炼，从而达到体育课的教学目标。

3. 建立"因人而异"的教材体系和"因材施教"的教学方法

教学方式及教学方法是教学课程的基本体系。好的教学方法能更好地来完成教学，有针对性地采用好的教学方法能够更好地提高教学质量。学生由于诸多因素的影响，其素质表现出明显的个体差异，因此教师要根据实际情况因材施教，具体来说，在选择教学内容和方法以及制定练习的难度与要求时，表现为选择和制定上的灵活性，尽量满足每个个体的实际需求。人性化的教学更好地体现了快乐体育教学模式的重要性，因人而异地来进行教学。

五、高校快乐体育教学模式的应用

（一）理论基础与实践结合

每种教学模式的创新都需要扎实的理论基础作为支撑，在不断摸索实践中进一步完善。快乐体育教学想要实现模式创新，不仅要在教学内容、教学方式、教学评价方式等方面下足功夫，还要注意调整，以适应在实际运用中因为某些因素导致的教学模式的不间断变动，要结合不同的时期、不同的教师、不同的学生等多方面的因素，实现灵活性、多样化的教学。例如，个性教学模式结合快乐体育理论，发现问题教学模式结合布鲁纳发现法理论，增强体质教学模式

结合享受活动乐趣快乐体育教学基础理论。

（二）利用现代科技发展促进体育课程改革

伴随着科技革命的不断深入发展，学科之间渗透与交叉、分化与综合，知识结构变化，推动体育课运用新的教学手段、组织形式、教学方法，最大限度地调动学生的积极性和主动性。快乐体育强调在体育教学中应注意满足学生的动机需要，让学生愉快自主地从事体育学习与锻炼，充分发挥学生现有的能力去参与、创造、享受体育运动，并在运动过程中自觉积极地发展体能和提高运动技能。

（三）培养学生对体育运动的兴趣

遵循运动技能的形成规律，以系统传授运动技能为核心的一种体育教学活动体系，注重对技能掌握效果的评价，也被称为"三段制"教学过程。在体育的教学过程中，要重视对学生体育能力的培养，使学生从体育锻炼中体验到乐趣，激发长期参加体育锻炼的欲望和兴趣，为其今后的终生体育锻炼奠定坚实的基础。

第四章 高校体育教学内容的创新

体育教学内容有着悠久的发展历史,并且随着时代的不断发展和进步,体育教学内容也发生了一定的改变。因此,要充分了解和认识体育教学内容,并且在此基础上对其发展进行深入分析,同时要与普通高校体育教学的实际情况有机结合起来,有针对性和目的性地进行改革,进而促进普通高校体育教学内容的优化,为理想教学效果的取得奠定良好的基础。本章为高校体育教学内容的创新,将从高校体育的内容体系、高校体育教学内容编排和选择、高校体育教学内容的创新发展三个方面进行论述。

第一节 高校体育的内容体系

体育教学内容是体育教学工作者在进行体育教学时的主要参考,因此体育教学内容在体育教学中占据非常重要的地位。再加上体育教学的内容所涉及的知识点较为繁杂、宽泛,因此,对于体育教学工作者而言,体育教学工作必须建立在对体育教学内容充分了解的基础上。

一、体育教学内容的概念

体育教学内容是指以健康教育为目的,以身体练习、运动技能和教学比赛等形式为手段,在体育教学环境下向学生传授体育知识原理、运动技术和比赛方法等内容。因此,体育教学内容和其他教学内容一样,都具有明显的教育性、科学性和系统性的特征,但是与其他学科又有着明显的区别,体育教学内容突出的是实践性,师生在课堂不是封闭静止的,而是互动的、全开放的。另外,体育的许多教学内容来源于现实生活,因而它又具备一定程度的娱乐性、观赏性和竞技比赛性。体育教学内容包含以下两层含义:

（一）体育教学内容有别于一般的教育内容

首先，体育教学内容是依据体育教学目标而选择的，在制定目标时充分考虑了学生身心发展需要、教学实际条件等因素；其次，体育教学内容是以身体活动为基本手段来进行的教育，以身体锻炼、身体练习、运动技术与技能学习和教学比赛等组织形式为主要教学形式，而语文、数学、英语等学科则是以理性知识传授为主的教育。

（二）体育教学内容有别于竞技运动的内容

竞技运动中的训练虽然也有育人功能，与体育教学类似，体育教学和竞技运动的内容都是运动项目而且大部分相同，但二者的目的和对运动项目的运用都有很大差异：体育教学以培养健康的合格公民为目的；竞技运动以培养高水平运动员和评出优异运动成绩为终极目标；体育教学内容需要根据社会发展进行必要的改造、组织和加工，而竞技运动内容不必和不允许进行改造。即使是相同的运动项目，二者对受教育（训练）者在体能发展的水平和动作技能的标准化程度等方面上的要求也迥然不同。

由于体育教学内容在形式、性质和功能上的多样性，使得体育教学内容在选择、加工、组织和教学过程的控制等方面变得更加复杂。

二、体育教学内容的特点

（一）实践性

体育教学内容以身体锻炼、身体练习、运动技术与技能学习、教学比赛等组织形式为主，身体活动是这些教学内容的共同特征。身体运动的实践性是体育教学内容最突出的特点之一。这里的实践性是指体育教学内容绝大部分都与由骨骼支持的身体运动实践紧密相关，受教育者必须亲身参与这种以肌肉运动为特点的运动时才可能学会这些教学内容。体育教学内容中的知识学习和道德培养，也必须通过运动过程和体育学习情境氛围以及运动中的本体肌肉感觉和情感体验才能最终获得，这是其与其他学科教育内容最根本的区别。

(二)健身性

由于体育教学内容以身体活动为基本手段,体育教学必然会对身体形成一定的运动负荷。因此,在运动方法和运动负荷合理的情况下,体育学习和练习自然会对身体产生锻炼的作用与效果。虽然由于教学时间的安排,运动负荷的大小、多少和学习目标的优先级等各种因素而经常处于非自觉状态,但只要在选择、分析和设计体育教学内容时,根据受教育者不同的身心特点将这些健身性的内容进行科学的设计和控制,在体育教学中将以锻炼身体不同部位为主的内容进行搭配,在教学过程中对运动负荷大小进行合理安排,对每个教育内容的健身效果进行评价并反馈改进教学,就可以最大限度地发挥体育教学的健身作用。

(三)娱乐性

由于体育教学内容大多是竞技性的运动项目,学生在参加这些运动过程中所获得的学习、竞争、协同、挑战、表现、战胜、超越等心理体验和成就感、卓越感等,都会让人产生愉悦的审美体验。当学生在教学过程中真正获得这种愉快的体验时,就会强化在体育教学中对运动乐趣的追求动机,这也是体育教学内容与其他文化课内容的重要区别。

(四)层次性

体育教学内容具有鲜明的层次性。体育教学内容的层次性表现在:其一,体育教学内容内在的层次性,即体育运动的内在规律使体育教学内容的技术与战术之间、内容与内容之间存在着由简单到复杂、由易到难的递进式的层次性,这种内在层次性可以相互联系和相互制约,如篮球运动中的运球、传球等基本技术是篮球战术学习的基础,田径教学中的短跑教学内容是跨栏跑教学内容的基础等。体育教学内容的内在层次性是编制体育教学内容的依据。其二,体育教学内容的外在层次性,即学生的生理、心理和社会特点等外在因素也具有递进式的层次性,这使得体育教学内容的安排应具备系统性、逻辑性并与以上层次性因素相适应。

（五）开放性

体育教学内容大多是以集体活动形式进行的运动学习和运动竞赛，这种集体活动又多是以队形变化、分组学习、分组练习来组织进行的。在运动学习练习和比赛中，教师与学生、学生与学生可以自由地相互交流，互动频繁。具体以分组形式学习，要求"角色扮演"分工明确，在体育学习中的"社会角色"变化远远多于其他学科的学习。所以，体现出体育教学在培养学生集体主义精神、竞争意识、协同能力方面所具有的独特功能。

（六）约定性

体育运动项目或身体练习方式是在一定的时间、场地、空间或在专门器械上，按照约定的规则和程序进行的，如"田径""郊游""沙滩排球""户外运动""沙地网球""平衡木""撑杆跳"等。也就是说，如果这些项目离开了特定时空的制约，其内容和形式就会发生质的变化，甚至内容就不存在了。体育教学内容的时空约定性，使体育教学内容对运动的时空有很大的依赖性，也使场地、器材、规则本身成为体育教学内容的制约因素。

第二节　高校体育教学内容编排和选择

一、体育教学内容编排的创新

（一）体育教学内容编排的创新模式

在对体育教学的课程内容进行排列组合时应坚持一定的策略，目前，体育教学内容的主要编排方式包括螺旋式排列和直线式排列，同时还包括将以上两者综合在一起而得到的混合型排列方式。这里重点对螺旋式排列和直线式排列这两种体育教学内容编排模式进行详细分析。

1.螺旋式排列

体育教学内容的螺旋式是当某项运动项目的教学内容的有关方面在不同年

级重复出现时，逐步提高教学要求的一种教学内容排列方式。

之前的教学大纲当中，只模糊地说明一些锻炼身体作用大的教材是适合用螺旋式排列来进行编排的。事实上，并不是仅仅锻炼身体作用大的教材才适合于螺旋式排列的编排方式。由于一些兼具难度和深度的教学内容总是要求学生熟练掌握运动技能，这些教学内容也是更加适合于用螺旋式排列方式的。

2. 直线式排列

与螺旋式教学内容的排列方式不同，直线式教学内容的排列意味着，学习了某一体育运动项目和身体练习之后，相同的内容基本上不再重复出现。

随着体育教学的发展，如何更加科学地对体育教学内容进行编排，以实现更好的教学效果，要求体育教学工作者在对体育教学内容进行编排时，注意考虑体育教学内容的循环周期现象。

在对体育教学内容进行编排时，存在循环周期的现象。这种循环是指在同一教学内容中，在不同的学段、学年等范围中进行的反复的安排就是循环周期现象。这种循环的周期有的是课，有的是单元，有的是学期，有的是学年，甚至有的循环是在某一个学段中。

以跑步为例，一节体育课上要进行 100 米跑，下一次课当中仍要进行 100 米跑就是以课为周期的循环。在一个学期内安排 100 米跑，在下一个学期内的课程上仍要安排 100 米跑就是以单元和学期为周期的循环。以此类推。结合上述理论，我国体育教学学者根据不同的内容性质而将体育教学内容的编排分为以下四类：

第一，"精学类"教学内容——充实螺旋式。

第二，"粗学类"教学内容——充实直线式。

第三，"介绍类"教学内容——单薄直线式。

第四，"锻炼类"教学内容——单薄螺旋式。

以上四种体育教学内容编排方式很好地满足了新课程标准中对体育教学内容的要求，并根据体育教学内容中的自身理论，结合当前体育教学内容中的各种情况，创新地将各个方面的内容合理编排在体育教学中，所以在体育教学的发展改革中，上述几种编排方式都非常适用，有利于体育教学目标的实现。

(二)体育教学内容编排的创新方法

1. 简化的教材化方法

简化的教材化方法具体是指将各种高水平、正规的竞技运动项目在各方面（包括竞赛的规则、技术、器材和场地等）进行简化，从而使其能够更好地适应体育教学活动的开展。这种方法是在现代体育教学中，对教学内容进行教材化时最为常用的一种方法。简化教材法能够使得教学内容与学校的条件、学生的能力与需求、教学的目标及教师的教学能力等各方面相适应，使教学更具操作性。

2. 理性化的教材化方法

理性化的教材化方法主要通过对各种运动项目所包含的各种运动原理和知识等方面进行充分的挖掘，并将其组织安排在教学过程中。这种教材化的方法适用于具有一定体育基础的学生的体育教学。

3. 实用化、生活化、野外化、冒险运动化的教材化方法

实用化就是使得教学内容与实用技能相结合，生活化是教学内容与日常生活相结合，野外化是将正规的场地变为野外的非正规场地，或将各种场地运动转变为各种野外运动；冒险运动化就是增加一定的惊险性，激发学生的学习兴趣。这些方法能够与现实生活各种需求相结合，增加教学内容的趣味性，提高学生的学习兴趣。

4. 游戏化的教材化方法

很多体育教学内容都比较枯燥，如跑、跳、投、体操、游泳等运动项目，因此，在选择好教学内容后还需要对其进行一定的改造，而常用的方法就是游戏化的教材化方法。这种方法是将这些单调的运动用"情节"串联成游戏，提高学生的兴趣，又不会在很大程度上改变练习的性质，依然可以很好地达到增强练习效果的目的。

5. 运动处方式的教材化方法

运动处方式的教材化方法是指以遵循锻炼的原理为基础，对运动的强度、重复次数、速率等因素进行组合排列，并以学生不同的需要为根据，组成处方来进行体育锻炼和教学。这是一种不可或缺的教材化方法，对教会学生运用运动处方锻炼身体非常有利。

(三)体育教学内容编排的创新原则

1. 注意学生基础和教学实际

体育教学内容的编排应符合学生的实际需求,促进体育教学质量的不断提高,应使得体育教学的内容与学生的实际情况和实际需求相适应。具体而言,在进行体育教学时,教师应在考虑体育运动和身体练习的难易程度的基础上,依据学生的实际需要、学生的体能和运动技能基础以及其发展的阶段特征等方面,合理安排体育课程内容。

2. 突出不同体育运动和身体练习特征

体育教学内容丰富,在对体育教学的内容进行编排时,应注重各种运动技能的学习、改进、巩固、提高和运用。应该认识到,体育教学不仅要使学生了解相应体育知识和技能,还应该使学生能在日常体育锻炼中灵活运用这些知识和技能。这就要求教师在对不同体育教学内容进行编排时,突出不同运动项目的特色和技法特点。

二、体育教学内容选择的创新

体育教学内容在体育教学中非常重要,体育教学内容对整个体育教学活动的过程产生着非常大的影响。体育教学内容还将教师与学生连接在一起,促进学生和教师之间的信息交流。体育教学内容对于体育教学方法和教学手段通常起着制约作用,这有助于体育教学目标与课程目标的实现。为了适应现代社会发展的需求,体育教学内容的选择必须有一定的依据、遵循一定的原则。

(一)体育教学内容选择的依据

1. 体育课程目标

体育课程内容在实现体育课程目标的过程中,是作为手段而不是目的而存在的。体育课程目标存在多元性的特征,体育运动项目和身体练习也具备可替代性的特征,这都使体育教学内容的选择变得更加多样性。所以,在选择体育教学内容时必须有标准可以依据。

体育课程的目标是对教学内容进行选择的重要依据。体育课程目标在体育课程编制的过程中,在每一个阶段内都作为教学内容的先导和方向,所以它经过了多方专家的合理思考验证,对各个方面的影响都进行了认真合理的验证。因此,在进行体育教学内容选择时,体育课程目标是必须遵循的,相应的体育课程目标对应着相应的体育课程内容。

2. 学生的需要及身心发展规律

在选择体育教学内容时,学生的需要必须考虑。体育教学以促进学生身心发展为目的,对体育教学内容进行选择的一个必要的因素就是学生对于体育的需要和兴趣,这对于有效的学习是非常重要的。学习需要学生的主动参与,就是说,学生的积极和努力是必不可少的。通常学生面对感兴趣的事情,参与的动力就会大大增加,学习的效率也将倍增。这非常符合一些学者所提出的观点:如果学习是被迫的而不是学生出于兴趣进行的,那么学习在某种意义上来讲是无效的。相关调查结果也非常符合这一说法,那就是如今学生虽然非常喜欢参与课外体育课程,但对于体育课却是兴味索然,最重要的因素就是教学内容缺乏趣味性。[①]

学生对教学内容的接受程度取决于其身心发展规律和特点,因此体育教育的内容必须以学生为主体,考虑学生的接受程度,进一步激发学生的兴趣。在选择体育教学内容时,不能忽略学生的实际情况,需要结合学生的特点来决定教学内容的各项要素。

3. 社会发展的需要

学生的个体发展无法脱离社会的发展。因此,体育教学能够在健康方面为学生打下良好的基础,在进行体育教学的内容选择时,除了考虑学生本身的需求,社会现实发展的需求也必须被考虑进去。体育教学内容在选择方面不能够忽视学生走入社会后发展所必需的体育素质,必须能够满足学生走入社会后各方面的需要。除此之外,体育教学内容必须做到与社会生活和学生生活联系在一起,这样才能让学生体会到它的作用,其功能才能得以实现,因此体育教学内容的选择与社会实际相符是非常重要的。

4. 体育教学素材的特性

在体育教学内容的选择上,最重要的要素就是体育教学素材,而它最大的

---

① 曾峰. 大学生体育参与的科学性研究 [M]. 长春:吉林大学出版社,2015.

特性就是并没有非常强的内在逻辑关系性，这种特性使得体育教学内容的选择无法完全按照难易程度和学生素质来进行。因此体育教学内容往往只是以运动项目来进行划分的，但各个教材内容之间的关系是平行和并列的，如篮球和足球、体操和武术。表面上看似有联系，但这种联系并非非常清晰，而且并没有先后顺序，无法判断谁是谁的基础。所以，在这里是无法确定教学内容内部的规定性和顺序性的。

体育教学素材的另一个特性是具有一项多能和多项一能的特点。一项多能是指通过一个运动项目，能够实现非常多的体育目的，也就是说，在这个项目中有着目标多指向性的特点。以健美操为例，有人利用这个项目来锻炼身体，有人用这个项目进行娱乐，同时这个项目还有表演的作用。在很多情况下，进行健美操运动往往能实现多个功能，也就是说，学生在掌握了一项运动之后就能够实现多种目的。多项一能则突出了体育教学内容之间具备相互的可替代性。比如从事投掷练习，可以扔沙袋、投小垒球，也可以推实心球，还可以推铅球。个体想通过体育运动得到娱乐放松，可以踢足球，可以打排球，还可以打篮球、打网球。这就是说想达到目的并非只能通过一个项目来实现，不同的项目也同样能够做到。正是由于这个特性的存在，在体育教学内容中没有无可或缺的项目，所以体育教学内容并不具备强烈的规定性。

体育教学素材还有第三个特性，那就是它拥有庞大的数量。庞大的数量使得其内容相当庞杂，并且在归类上存在一定的难度。自人类文明诞生以来，创造出的体育运动项目数不胜数，并且每一个运动的技能对于练习者的身体素质都有着各种各样的要求。鉴于这个原因，没有哪个体育教师能够精通全部的体育项目，所以体育教师的培养才要求一专多能，体育课程的设计者也很难将最合理的运动组合运用到体育教学内容当中，同时也几乎不可能编写出适合所有地区和教学条件的教材。

体育教学素材的第四个特性就是在每个运动项目中，其乐趣的关注点都是各不相同的。以篮球和足球为例，其乐趣就是在激烈的直接对抗中，通过娴熟的技术和精妙的战术配合而得分。再如，在隔网类运动中，其乐趣则是双方队员在各自的场地中通过巧妙的配合，将球击到对方场地而得分。因此，体育运动都有各自乐趣的特性使得它在体育教学内容的选择上是无法忽略的，这同时是快乐体育理论存在的事实依据，并且是这一理论在体育改革进程中发挥着关键影响的原因。

（二）体育教学内容选择的创新性原则

1. 教育性原则

在选择体育教学内容时，应从教育的基本观点出发对体育教学素材进行选择，分析其是否与教育的原则相符，是否与社会的固有价值观同步。要明确分析它是否有利于学生的身心发展和身体锻炼。

选择的体育教学内容必须与体育课程的主要目标相匹配，要确立"健康第一"的指导思想，并以此作为体育教学内容中最基本的出发点，同时看重其中的文化内涵，使学生在学习体育技能的同时更能深刻体会到体育文化修养带来的益处。学校体育在培养学生时应考虑对学生的品德、智力、体质等方面的全面发展是否有利，将理论与实际结合起来，在使学生了解人体科学知识的同时真正锻炼身体，还要从思想文化等方面下功夫，使其在多方面同时发展。体育教学内容的选择对于不同学段学生的发展特点和规律都要充分考虑，学生的个体差异与不同需求将会在其中起到很大的作用，应充分考虑能够确保每一位学生受益。在进行体育教学内容的选择时，还要符合各个方面的实际来确保选择时有足够的空间和灵活性。

2. 科学性原则

选择体育教学内容要遵循科学性原则，其中的科学性主要有以下三层含义：

第一，教学内容的选择必须有利于学生身心的协调共同发展。要注意，一些体育教学内容虽然有利于学生的身体健康，但对于学生的心理健康并不合适；反之，同样可能出现这种状况。因此，教学内容的选择必须做到使学生在开心的体育活动中积极促进身体的发展。

第二，教学内容同时也要使得学生能够从根本上对科学锻炼的原理和方法有一个深入的了解，这种了解可以增强学生进行体育锻炼的自觉性和积极性。

第三，教学内容应具有科学性，因此必须注意防止一些科学性不够强的体育项目作为教学内容进入课堂。

3. 趣味性原则

俗话说，兴趣是最好的教师，学生只有感兴趣，才会积极地参与其中，所以，教学内容要注重学习的兴趣点，选择学生喜欢、有兴致的，并且当前比较流行、受欢迎度比较高的内容。在日常教学工作中，如果体育教师把更多的关注点放到教学体系的完整性方面，对日常教学采用培养专业运动员的方法，最终就可能导致学生产生抵触情绪，出现适得其反的效果。

4. 实效性原则

实效性，顾名思义，就是考虑教材的实用性程度是否有利于学生的健康发展，教材使用起来是否简便。我国针对教材改革也出台了相应的文件，在文件中也不断地强调，教材内容要与社会进步相融合，要添加新鲜的东西吸引学生的兴趣，教材讲授的知识一定要有助于学生的终身学习。因此，教材内容选择方面一定要尽量添加一些学生感兴趣的、欢迎程度比较高、符合时代发展的内容，与此同时，还要特别注重乐趣，为健康体育、快乐体育、终身体育做好铺垫工作。

第三节　高校体育教学内容的创新发展

一、体育教材化

任何一个学科都有其教材化的划分，这是学校学科教学的根本特点之一，为了保证体育教学的正常开展，体育教学工作者应该重视对体育教材化的研究，为体育教学过程提供良好的教学素材，保证教学工作的正常进行。

（一）体育教材化的概念

体育教材化的概念包括以下三层含义：

第一，体育教材化实际上就是将体育教学过程中的素材进行筛选、加工、编排，最终使其成为教学内容的过程，这是体育教材化最本质、最基础的含义。

第二，体育教材化侧重于对体育教学内容的加工和整理，体育教材也是加工的成果。

第三，体育教材化是依据学生的学习目标，结合学生的身体发育特点和认知规律，以为学生创造有利的教学条件作为前提而加工完成的。

（二）体育教材化的意义

纵观我国体育教学的现状以及特点，体育教学涉及的内容非常广泛，有的来自人们的日常生活，有的来自传统的习俗等，这些都是体育教学内容的良好素材。但是，这种素材绝不能被简单地认为是体育教学内容。如果我们将体育教材等同于体育教学内容，那么就无法保证教学过程的目标一致性，体育教材只是体育教学内容的参考。在教学的过程中，教师还应该根据体育教学的目标和教学环境进行教学内容的筛选。体育教材化的意义可概括为以下几点：

第一，体育教材化是选择体育教学内容的依据和前提条件。在教学内容的选择过程中，可以选择一些与教学目标和学生的发展需要联系较为密切的知识作为教学内容，这样就可以避免教学内容的繁杂，避免教学内容选择过程中目的性不强等问题。

第二，体育教材化是对较为宽泛的体育教学内容的加工，这样可以使体育教学内容的选择素材更趋近于教学目标和教学实际，努力消除体育教学素材与体育教学内容之间的差异，使体育教学内容的选择更具有目标针对性。

第三，体育教材化是对体育教学内容进行不断编排、整理、选择的过程，通过体育教材化对教学内容的加工，可以使得所选择的体育教学内容具有整体性和系统性，体育教学工作者在教学过程中也能更好地发挥教学内容的教育作用。

第四，体育教材化能够通过将体育教学内容进行加工和整理，使得原本抽象的教学内容具体化，更容易融入教学活动中，更容易被学生接受，从而使得体育教学内容成为教学活动的依据，保证教学能够有条不紊地进行。

（三）体育教材化的基本层次

通常情况下，可以将体育教材化大致分为两个基本层次，具体如下：

1. 编制体育课程标准和编写教科书

通常情况下，国家和地方教育行政部门组织专家会负责这个层次的工作。

具体来说，这个层次的工作主要包括从各种身体活动的练习中筛选出素材，进行教材的分类、加工、排列等。

2.以课程标准和教科书为依据将教材变成学生的"学习内容"

一般来说，学校的体育教研组或体育教师会对这个层次的工作负责。具体来说，这个层次的工作内容主要包括：以体育课程标准和教科书的要求与规定为主要依据，与所面对的学生的具体情况和教学条件的实际有机结合起来，把面对一般学生情况和一般教学条件的教材变成适合一个班的学生与本校场地设施条件的教材。

（四）体育教材化的内容

体育教材化的工作内容主要有四个方面，即体育教学内容的选择、体育教学内容的编排、体育教学内容的改造与加工、体育教学内容的媒介化。前两个方面的内容已经在上一节有所阐述，这里主要对后两个方面的工作内容进行分析。

1.体育教学内容的改造与加工

（1）文化化的教材化方法

这种教材化方法是通过将竞技运动中的文化要素提取出来并加以强化，进而在教学中让学生通过各种文化性的要素来对运动文化的情调和氛围进行充分的体验。一般来说，这种教材化的方法适宜作为技能的辅助教学内容，对于学生体验和理解体育文化性质是较为有利的，这种教材化方法对于高中和大学的学生是较为适用的。

（2）变形化的教材化方法

变形化的教材方法是从基本结构方面对原运动进行改造，使其成为一种适应教学需要和符合学生特点的新运动，这也是变形化教材方法的主要目的。当前，"新体育运动项目"就属于此类运动，这种教材化在处理那些高难度的运动项目或受场地器材制约很大的运动时往往能够取得理想的效果。

（3）动作教育的教材化方法

动作教育是一种体育教育思想和体育教材方法论。动作教育的教材化方法有着较为显著的特点，主要表现为将一些竞技体育运动以人体的运动原理为依据，将运动进行归类，并且提出要针对少年的教材设计，其中比较典型的有教育性舞蹈和教育性体操。

2.体育教学内容的媒介化

将体育教学内容媒介化是体育教材化的最后一个工作。将选出、编集、加工和改造后的体育教学内容变成承载在某种媒体上的教材形式，就是所谓的体育教学内容的媒介化。

体育教学内容媒介化工作的形式有很多种，其中较为主要的有教科书（包括学生用体育教材和体育教学指导用书）、音像教材、挂图、多媒体课件、黑板板书、学习卡片等。这里重点对多媒体课件和学习卡片进行分析和阐述。

（1）多媒体课件

教师以体育教学的需要为主要依据，用体育教学内容编辑成的计算机演示的系列材料，就是所谓的多媒体课件。当前，多媒体课件是体育教师常用的工具，究其原因，主要是计算机课件依靠计算机来演示动作，在速度调整、观看细节、多次重复播放以及视觉听觉的艺术效果等方面都具有教师的讲解、示范所无法达到的教学效果。

（2）体育学习卡片

体育学习卡片是体育教材的另一种载体形式。它是学生在体育课中使用的一种辅助性学习材料。这种形式比较适合体育教学特点。

二、高校体育教学内容的变革

（一）高校体育教学内容的发展趋势

1.对终身教育目标的要求进行充分考量

对于高校学生终身体育观念的建立和形成，高校体育在其中起着至关重要的作用。终身体育目标的达成取决于学生参加体育所需的技能、知识和态度。所以，教学内容应当更加注重健身性运动文化的传递性和娱乐性，在健身价值和终身运动性强的运动项目中间作出选择。

2. 更加注重体育运动的规律性

以往在选择体育教学内容时总是根据各个体育项目中的逻辑关系进行选择，但事实是体育教学内容的逻辑性几乎是不存在的，所以这种方法是不科学、不合理的。因此，在未来选择体育教学内容时，要注重寻找体育学科当中内在的一些规律，体育课程挑选的内容往往都是学生喜欢的，富有时代性，并且根据年龄和学段的不同，在教学内容上加以区分。

3. 学生价值主体受到的重视程度越来越高

受各方面因素的制约和影响，体育教学内容的选择并不是一蹴而就的，需要综合各个方面的因素进行考虑。在过去的体育教学大纲中，体育教学内容的选择与确定往往更重视教育工作者对于教学内容的价值取向，因此重视的仅仅是教师的教。而随着体育教学改革的进行，越来越多人开始重视学生对体育教学内容的价值取向，根据学生的学而进行体育教学内容的选择的方式更加普遍。

4. 更加注重教学主体发展的全面性

在传统体育教学理念和模式下，以往的体育课程大都是以提高学生跑、跳、投等身体素质为目的的一种体能达标课。新的教学改革大纲出台之后，学校教育更加强调素质教育，因此学校对于学生素质的全面发展肩负着无比重大的责任。在选择与确定体育教学内容时，同样要符合素质教育的要求，使学生在身心方面都能获得全面的发展。

5. 不断引进民族特色项目

通常情况下，富有趣味性和新奇性的运动项目总会受到广大学生的青睐，因此在选择与确定体育教学内容时也要注重推陈出新，改革与发展一些新颖的运动项目。除此之外，我国多民族的特性决定了各个民族都有出色的民族特色体育项目，这些民族项目既各具特色又有良好的健身价值，在选定体育教学内容时应适当根据具体情况加以选用。

（二）高校体育教学内容变革的思路

1. 避免重复，增强体育内容的创新性

改变当前高校体育课程各自为战的局面，学术百花齐放是好事，但是，在人才培养的教育上还是要体现出一定的严肃性和原则性。教育部门要在高校体育内容大纲的编写上统一，避免小学、中学、大学教学内容的重叠，根据学生的身体素质特点、运动项目的技术要求进行科学的衔接。在坚持原则性的情况下，在选择体育教学内容时，应遵循体育学科自身的内在规律，把一些学生喜闻乐见的，健身性、娱乐性、时代性强的体育项目选入体育课程里，并对不同年龄阶段和学段的教学内容和要求有所区别，逐级划分。

2. 改变传统观念，创新体育教学内容

传统体育教学内容忽略了高校体育健康教育的培养，强调对体育项目"技术性"动作的学习。新的体育教学内容要树立大体育观，勇于突破传统的体育教学思维，在教学内容上突出对大学生的多元化培养，利用每学期理论学时或者阴雨天气，弥补技术动作学习的盲区，增强对大学生体育健康教育的培养，强化体育健康基础理论的重要性。大学生正处在长身体发育的青春期，对大学生进行心理健康、运动损伤的预防与康复、运动处方等体育基础理论教学补充是十分必要的，能够增强大学生的社会适应能力。

3. 创新体育教学内容上课模式，提高学习兴趣

传统体育教学模式就是三部曲：课前准备（跑步活动）、课中练习（技术动作学习）、课后总结（课堂回顾），动作学习就是教师讲解、示范，然后学生练习活动。这样的上课形式使体育教师在备课、上课时省去了不少事，但对于学生来说就显得枯燥无味。体育教师要根据每节课教学内容的不同，创新教学方法，提高教学内容的吸引力。同样是50米跑步枯燥无味的身体练习，让学生重复练习50米肯定是不行的，可以把50米跑融入体育游戏活动中，比如，短距离的直线分组对抗练习，增强练习活动的趣味性，这样同学们的练习热情就激发出来了。[1]

---

[1] 董大志，周余，陈维富.现代体育教学管理探索与课程实务研究[M].北京：中国书籍出版社，2016.

第五章　高校体育教学评价和管理的创新

要卓有成效地开展体育课程教学工作，就需要有与之相对应的教学评价配合；而教学管理是学校各项管理工作的中心工作。教学管理的优劣直接决定着学校教学质量的优劣。本章主题为高校体育教学评价和管理的创新，将从高校体育教学的评价的创新、高校体育教学管理的创新两个方面进行论述。

第一节　高校体育教学评价的创新

一、体育教学评价的概述

（一）教育评价

评价是客体对主体需要被客体满足程度的一种判断，属于价值活动。评价，使学生不断地学习、进步、成功，对自我充分认识，使其自身能力的全面发展得到促进；根据反馈的信息，教师可以进行适当的调整，并且使自身的教学能力得到提高，根据学生情况进行教学管理方式的改善。

评价主要是指在教学目标和标准的基础上对学生和教师进行具体调查，评价优缺点并进行改进。教育评价分为：学生评价、教师评价、教学评价、课程评价、学校与教育机构评价、教育政策与教育项目评价等。

（二）体育教学评价的概念

体育教学评价主要是指从体育教学目标与体育教学的原则出发，判断、评估体育教学的过程，以及所取得的成果。从体育教学评价的概念中可以得知，它主要将以下基本的含义包含其中：

1. 从体育教学目标与体育教学的原则出发

体育教学目标作为一个评判依据，可以测试体育教学预先设定的成果是否已经实现，以及预期的任务是否已经完成；而体育教学的原则作为一个评判依据，可以测试体育教学开展的合理性，及其能否满足体育教学的基本要求。需要注意的是，上述的两个评价依据，在具备一定规范性与客观性的同时，还具备教育评价的信度与效度。

2. "教"与"学"的过程和结果是体育教学评价的对象

体育教学评价主要将体育教学过程中的受教育者——学生的学作为重点对象，主要包含了对学生学历水平与品德行为的评价。此外，体育教学评价也会评价教师的教，主要包含对教师教学水平与师德行为的评价。

（三）体育教学评价的结构与评价内容

1. 体育教学评价基本构成的要因

对于体育教学评价而言，其结构的基本要因是"为什么评""谁来评""评什么""怎么评"等基本问题。

2. 体育教学评价的结构与内容

体育教学评价的组成主要包含四个大类，如果再细致划分的话，就是八个小类。如果也将如家长对学生评价的这种非主要性评价算在其中的话，就应该存在九种类别的体育教学评价，同体育教学课程评价之间存在非常密切的关系。

（1）教师对于体育学习过程作出的评价

在体育教学评价过程中，比较传统的评价方式就是体育教师对于学习过程作出的评价。在此种评价方式中，经验丰富的教师是主体，而体育教学过程与参与其中的学生就是评价的主要对象，之所以将它们作为评价的对象，主要是因为它们能够将体育教学效果反映出来。所以，此种评价方式一直以来都被人们关注。此外，教师对于体育学习过程作出的评价存在两种不同形式，即在体育学习过程中，教师对学生进行的激励评价；当体育学习过程结束以后，作为学习结果，体育教师评定学生的体育成绩。

（2）学生对于体育学习过程作出的评价

新的教育理念与新的《体育与健康课程标准》都对一种评价方式给予了重视，并积极倡导，那就是学生对于体育学习过程作出的评价，此种评价方式主要包含对体育教学过程的评价与对体育教学效果的评价。[①] 评价形式主要有两种，即学生与学生之间的相互评价，学生的自我评价两种。这两种评价方式，对于学生形成民主素养是有一定帮助的，同时，还能够在评价的实践中，使学生对自身民主权利正确行使的能力与对事物进行观察的能力，以及对问题进行分析的能力得到不断培养与提高。但是，在应用此种评价方式的时候，应该要考虑学生的年龄阶段问题，年龄较小的学生不能够应用此种评价方式。我们在对学生的评价给予强调与重视的同时，还要注意不能对学生的评价完全依赖。

（3）学生对于体育教学过程作出的评价

现代教育理念比较重视与强调的评价方式就是学生对于体育教学过程作出的评价，此种评价也包含两个方面的内容，即对体育教学过程的评价与对体育教学效果的评价。同时，还存在两种类别的评价形式，不仅有体育学习过程中，学生对教学的随时反馈，还有学生参与的相关评价活动，前面的评价活动是非正式的，而后面的评价活动是比较正式的。

（4）教师对于教学过程作出的评价

教师对于教学过程作出的评价，其目的是使体育教学质量得到不断提高，一般也包含两种评价形式，其一是教师对于自身教学情况作出的自我评价，其二是教师与教师之间的互相评价活动，二者之间均存在正式的形式与非正式的形式。从人员角度来讲，有个人的、体育组内的、校内督导的与校际间的评价形式；从时间角度来讲，有平时的评价与集中性的评价等形式。

（5）其他评价

这里所说的其他评价，主要指的是对于体育教学，非教师与学生作出的评价，例如，对于学生体育学习家长作出的评价、对于体育教学家长教师联合会

---

① 张振华. 新版《体育与健康课程标准》解读与实施策略 [M]. 安徽：安徽师范大学出版社，2015.

(国外的 PTA)作出的评价等,上述的两种形式都是其他评价。但是,此种评价方式只能起到一定的参考性与辅助性作用,这主要是因为此种评价形式的主体并不是体育专业人员,而且没有参与体育教学过程。

(四)体育教学评价的功能

1. 导向功能

根据不同的评价标准会得出不同的评价结果,评价标准起着导向作用。评价之后的反馈指明了体育教学决策与改进的方向,如果做法获得肯定,那么在体育教学过程中将会对其进行强化;如果做法被否定,那么就需要对其进行纠正与改变。

2. 诊断功能

通过体育教学评价,体育教师对于体育教学的质量可以进行科学的、客观的鉴定,了解体育教学的成效和问题。体育教学评价就像是体格检查,能够科学地、严谨地诊断出体育教学的现状。全面性的体育教学评价能够对于学生成绩实现体育教学目标的程度进行评估,还能够帮助教师对学生学习困难的症结所在进行诊断,并且对学生学习进步作出一定协助。

3. 调控功能

体育教学评价的最终结果是将反馈信息提供给体育教师与学生,使他们能够对教与学的情况及时了解,为体育教学活动内容与形式的调整提供根据。根据体育教学评价的最终结构,教师可以对体育教学计划进行修订,对体育教学方法进行改进,而学生可以对学习策略进行调整,对体育学习方式进行改变。体育教学评价向随时可以进行反馈与调节的可控系统的转变得到促进,使体育教学活动与预期目标越来越接近。

4. 激励功能

在体育教学的整个过程中,体育教学评价发挥的作用是监督与控制,是一种对体育教师与学生的强化与促进。体育教学评价能够将体育教师的教学效果与学生的学习成绩反映出来,激励体育教师的工作热情与学生的学习动机。如果体育教学评价是科学的、合理的,那么就不但能够使体育教师与学生可以获得心理满足与精神鼓舞,而且能够激发体育教师朝着更高目标努力的积极性;即便是较低的评价也能发人深思,激发体育教师与学生的奋进情绪,使其推动作用与促进作用得到发挥。这是因为这种反馈激励对于体育教师与学生的自我认识存在一定的帮助,进而使体育教学质量得到提高。对于体育教学评价的激励功能,教师应该有效利用,对学生尽可能地开展正面鼓励,避免学生的积极性受到伤害的情况出现。在日常评估时,尽量避免学生之间的比较,要帮助学生设定个人进步目标,使他们在每次参与身体活动时充分感受自身的进步。

二、体育教学评价的种类

(一)体育教学评价的分类标准

按照不同的标准对体育教学评价进行多种分类。

1. 根据不同的评价基准进行分类

如果根据不同的评价基准对体育教学评价进行分类,就可以分成自身评价、绝对评价与相对评价三类。

2. 根据不同的评价功能进行分类

如果根据不同的评价功能对体育教学评价进行分类,就可以分成总结性评价、形成性评价与诊断性评价三类。

3. 根据不同的评价内容进行分类

如果根据不同的评价内容对体育教学评价进行分类,就可以分成过程性评价与结果性评价。

4. 根据不同的评价表达进行分类

如果根据不同的评价表达对体育教学评价进行分类,就可以分成定量评价与定性评价。

上述的几种评价方式都存在不同的功能,且每一种评价方式都不仅仅存在优势,还存在一些劣势。在制定评价体育教学设计方案的时候,应该按照体育教学实际的目标与需求对适当的评价类型进行选择。

(二)体育教学的评价种类

1. 体育教学的绝对评价

体育教学的绝对评价主要是指按照体育教学的目标评价体育教学的设计方案、教与学的成果。此评价形式在被评价的集合与群体之外建立了体育教学评价的基准，针对某种指标对集合或者群体中的每一个成员同基准进行逐一对照，进而对其优劣进行判断。通常来讲，会将体育教学的课程标准、教学计划中的教学大纲、课程具体实施方案，以及相对应的评判细则作为评价标准。

体育教学绝对评价的优点是存在比较客观的评价标准，因此，在体育教学的评价过程中，如果能够恰当地使用此种评价方式，那么就能够保证每一个被评价者都能够对自身同客观标准之间的差距有所了解，以便于被评价者能够不断努力向标准靠拢。此外，通过体育教学的绝对评价，体育教学的管理部门可以对体育教学各项目标的完成情况进行直接鉴别，同时，还能够对即将要开展工作的重点进行明确。但是，体育教学的绝对评价也是存在缺点的，在对评价标准进行制定与掌握的时候，容易影响被评价者的原本经验与主观意愿。

2. 体育教学的相对评价

体育教学的相对评价就是指将基准建立在被评价对象的集合或者群体中，然后，逐一地将各个对象同基准进行对比，来对群体或者集合中每一个成员的相对优劣进行判断。体育教学相对评价的基准是群体的平均水平，根据在整个群体中被评价对象所处的位置进行判断。而体育教学相对评价的优点是具有广泛的适用范围，且甄别性强。就是说，无论群体的整体水平如何，都能够将优劣对比出来。体育教学相对评价的缺点是，由于群体的不同基准也会产生相应的变化，所以，容易导致评价标准同体育教学目标相背离。

3. 体育教学的自身评价

体育教学的自身评价，主要是指被评价者从不同的侧面、过去与现在进行比较，从而对自己各个方面的能力展开评价，对自身的进步情况进行确定。体育教学自身评价的优点，在于能够对个性特点给予尊重，同时对个别差异给予重视。通过比较被评价对象或者部分的各个方面或者各个阶段，对其现状与趋势进行判断。因为具有相同条件的被评价对象没有与被评者进行比较,所以对其实际的水平与差异进行判断是很困难的。在体育教学评价的实践活动中,选择评价形式的时候应该将相对评价与自身评价紧密地联系在一起。

4. 体育教学的诊断性评价

体育教学的诊断性评价,也被称为前置评价。在开展体育教学的某项活动之前,例如,在前期分析体育教学设计的时候,应该针对学生的智力、态度、体能、知识与技能等方面的情况开展摸底测试,以便于对学生的准确情况与实际水平进行了解,对其是否具备体育教学新目标实现的必需条件进行判断,为体育教学决策提供一定的理论依据,保证体育教学活动与学生背景和需要的协同发展。

我们这里所说的诊断,是一个存在较大范围的概念,不仅能够对缺陷和问题进行验明,还能够识别各种各样的优点与特殊才能。所以,体育教学诊断性评价的最终目的是对体育教学方案进行设计,使起点水平与学习风格不同的学生的需要得到满足,同时,还要在体育教学程序中对学生进行最有益的安置。

5. 体育教学的形成性评价

在体育教学活动开展的过程中,形成性评价的不断进行是为了更好地获得。此种评价形式能够对阶段设计成果、阶段教学效果以及学生的学习进展情况与存在的问题等进行及时了解,及时作出反馈,并且对体育教学工作进行不断调整与改进。这种评价会频繁地进行,例如,学习一个知识点之后的练习、提问,一个单元之后的技术评定,一节课以后的小测试。形成性评价是体育教学设计活动中的重要评价形式,在评价新的体育教学方案时,一般都是应用在此方案的试行过程中,主要的目的是对该方案进行修改、对有利的证据进行收集。从体育教学质量提高的角度来讲,对于形成性评价给予重视要比下面将要分析的总结性评价更具有现实意义。

6. 体育教学的总结性评价

体育教学的总结性评价,也被称为后置评价,通常是当体育教学活动结束一段时间以后,为了能够对体育教学活动的最终结果进行把握而开展的评价。例如,在学年末或者学期末的时候,体育教师会组织考评、考核,主要目的是对学生的学习结果进行检验,看看它是否达到了体育教学目标的要求,在体育教学的总结性评价中对体育教学过程中教与学的结果进行了强调,进而全面地鉴定被评价者所取得的重大成果,对等级进行区分,对体育教学整个方案的有效性作出价值判断。

7. 体育教学的过程评价

在体育教学开展的过程中,针对教学目标实现的手段与方案开展的评价称为过程评价。过程评价的主要目的是对目标达成的手段与方法的使用情况进行关心与检查。例如,在对某一个教学目标进行完成的过程中,游戏法与竞赛法哪一个效果更加明显;在某一个动作技能教学开展的过程中,究竟是完整法比较适合,还是使用分解法好;对于某一种技能的学习,是由学生自己探索发现的,还是在同伴儿的谈论与协作下实现的。所以,过程评价的开展不是在体育教学过程中,就是在体育教学设计的过程中。体育教学的过程评价不仅能够促进形成性评价的继续修改,还能够促进体育教学过程中对费用、时间与学生接受情况等方面所做的总结性评价的完成。

8. 体育教学的结果评价

针对体育教学活动具体实施以后产生的效果进行的评价,就是结果评价。例如,对于某一种体育教学方案的实施效果与某一种辅助性教学设施的使用价值所开展的评价。体育教学的结果评价侧重于对总结性评价的功能进行完成,同时还能够将形成性评价的相关信息提供出来。

9. 体育教学的定性评价

体育教学定性评价主要是指针对评价资料展开"质"的分析,是对综合与分析、分类与比较、演绎与归纳等逻辑分析方法进行应用,对思维加工所获得的资料与数据,进而开展定性描述的评价,而一般会有两种分析结果出现,其一,描述性材料,存在较低的数量化水平,更为严重的是根据不存在数量概念;其二,同定量分析相结合而产生的,即包含数量化但以描述性为主的材料。

10. 体育教学的定量评价

所谓的体育教学定量评价,主要是指针对评价资料开展"量"的分析,是对统计分析与多元分析等分析方法进行应用,对所获得的资料与数据作出定量结论的评价。鉴于体育教学中人的因素涉及范围比较广，因而各种变量及其互相作用具有复杂性特点，所以，为了能够将数据的规律性与特征揭示出来，应该由定性评价来规定定量评价的范围与方向。

（三）各种"教学评价"的地位和运用频数

上述的体育教学评价的每一种形式都具有各自的特点、优点与不足，且并不具备对等的重要意义。在体育教学改革的进程中，它们也具有不一样的突出性与重要性，因此，每一种体育教学评价方式在体育教学实践中的使用频率也有所不同，下面将从重要性排序、"评价方式"、"优点"、"缺点"、"当前的重要性"、"使用频率"等几个方面出发，对上述的几种体育教学评价方式进行分析（表5-1-1）。

表 5-1-1　对九种体育教学评价的分析

重要性的排序	评价方式	优点	缺点	当前重要性	使用频率
1	教师对体育学习结果作出的评价	经验丰富的体育教师是评价的主体，而评价的对象主要是能够将教学效果反映出来的，所以，此种评价方式具有较高的评价准确度	评价在即时性方面比较欠缺，也会因此难以更加生动。无法纠正发现的问题	仍旧重要且需要给予重视的主要评价方式	单元、学期、每学段、学年
2	教师对体育学习过程作出的评价	经验丰富的教师作为评价的主体，而主要将生动的教学过程作为评价对象，保证了评价的生动性与及时性	由于动态的过程是评价的对象，评价有时会在准确性上比较欠缺	比较重要，需要更加关注的主要评价方式	时时刻刻

续表

重要性的排序	评价方式	优点	缺点	当前重要性	使用频率
3	学生的自我评价	学生对其体育学习的"自省",促进了此种评价方式的形成,"自省"能够使学生的学习动机得到激发,使学生的学习能力得到培养	学生优点夸大意识与自我保护意识的存在,会导致评价出现偏差	比较重要,需要更加关注的主要评价方式	时时刻刻
4	学生与学生之间的相互评价	学习目标与学习阶段相同的"同行者"是评价的主体,此种评价方式具有较强的刺激性、生动性与针对性	由于学生的经验不足、专业知识的缺乏与对学生负责精神的欠缺,造成评价偏差的出现	比较重要,需要更加关注的主要评价方式	由体育教师对时间进行安排、组织
5	教师对教师的评价	经验丰富的教师既是评价的主体,又是评价的客体,所以,此种评价方式具有较强的质量性与学术性。同时,此评价能够改善体育教学经验的总结与教学	此种评价方式既不能作为日常的评价方式,也不能作为面对每一个学生的及时评价	属于辅助性的评价方式,需要对此种评价方式给予重视	每一学期开展1~2次
6	教师的自我评价	教师对自身教学的"自省"促进了此种评价方式的形成,能够促进体育教学的不断改善,使体育教师的教学能力与责任心得到强化	评价会因教师的自我保护意识而产生偏差,而评价也不直接面向学生	要重视的、辅助性的评价方式	每时每刻

续表

重要性的排序	评价方式	优点	缺点	当前重要性	使用频率
7	学生对教学的随时反馈	这种评价既是教学民主的体现，也能增进教学双方的互动和提高教学质量，并"以学生发展为本"	在实际的教学中实行起来并不容易，如果对此过度强调，那么就会对体育教学效率造成影响	不能忽视的、辅助性的评价方式	以教师组织时间为主
8	学生的评教活动	体现了体育教学的民主性，对于教师对学生意见的倾听，对学生愿望与要求的了解能够起到一定促进作用，同时，还能够使体育教学得到改善	这种评价不可能经常进行，学生的意见也有许多不准确的内容	属于辅助性的评价方式，要对此需种评价方式给予重视	每一学期开展1~2次
9	其他的评价方式（如家长对学生学习的评价等）	此种评价方式能够促进学校体育与社会教育、家庭教育的有机结合，同时，对于各方面认识的了解与监督教育也存在一定的帮助	社会人士并不具备专业的体育教学知识，对于体育教学过程也了解甚少，所以很难准确进行评价	属于辅助性的评价方式，需要尽可能地实此种评价方式	每学段1~2次

三、体育教学评价的改革

体育教学评价的改革具有非常重要的意义，主要包含以下几个方面的内容：

（一）改变单一评价和应用锻炼标准的情况

绝大多数的体育教师可能都会遇到此种情况，即在体育教学课或者体育活动开展的过程中，一部分学生没有作出积极的表现，但是根据体育锻炼标准中的体育测试，凭借良好的先天身体素质却能够获得优异体育成绩。这样，即便这部分学生不够努力也能够取得较好成绩的情况，对于那些身体素质先天较弱，却一直积极参与的学生而言，是一个严重的打击。所以，在评价学生过程中应用单一锻炼标准的模式进行改变势在必行。

体育课的成绩应该不仅仅是一个方面的，如果评价的时候将锻炼标准作为唯一的评价方式是不够全面的。因此，按照体育课程评价改革的精神，对于新颁布的学生体质健康标准充分利用，不仅能够将其作为一种学生体质强弱测试的标准，还能够将其作为一个学生进步程度的参考。例如，在学生刚刚入学的时候，就组织学生进行体质方面的一次摸底测试，并且在学生的个人档案中将测试的结果记录下来，保证每一学年开展一次测试，同时比较测试的结果，使学生体质提高的情况得到反映，这也将作为学生进步程度的一个评价内容。

（二）对学生进行多方位的评价

在传统的体育教学过程中，教师主导了评价活动，导致学生的地位一直是被动的，甚至是毫无存在感的。作为体育教学活动的主导者，体育教师需要对学生的身体素质基础、运动能力状况进行了解，并且按照学生的学习情况与锻炼表现开展多种针对性的评价活动，进而使学生的积极性得到充分调动，促进体育课目标的尽快实现。伴随"水平目标"的逐渐设立，体育教师的教学任务在每一个阶段都会发生改变，因此，要保证体育教学方式和方法的应用、体育教学内容的选择也多样化发展。在体育教学过程中，我们在对评价内容进行设计的时候可以从运动技能、运动参与、身体健康、心理健康与社会适应五个方面出发进行考虑。

（三）过程评价与结果评价相结合

过程性评价就是指对各种评价的工具与方法进行利用，对于体育教学的各个方面进行经常性评定，同时还要将结果向学生及时地反馈，促使学生尽早发现问题。在现阶段，我们不仅要调整体育教学评价的内容，还要在平时的评价中对学生的练习过程直接进行评价。

此种评价方式的存在不仅能够保证大多数学生认真、积极地对待整个体育学习过程，还能够有效避免一部分学生凭借线条身体素质条件而消极学习的情况的发生，此外，还能够对那些先天身体素质差却很努力的学生进行有效鼓励。

（四）积极开发体育课特有的教学环境资源

体育课与其他学科对比有着很大的弱势，这种弱势是由多方因素引起的。针对这次课程改革，体育对于其他学科来讲，拥有的课程资源优势得天独厚。课程改革基本涵盖了所有的学科，要求它们能够使学生的互相协作能力、社会适应能力与人际交往能力得到提高。对于其他学科，由于特定教学范围的影响，安排的内容只能限制在本班级范围内，而这种局限性限制了学生部分能力的提高。

相关的心理学研究显示，如果人在同一种环境中停留的时间较长，那么此种环境会降低对这个人的刺激，直到最低的状态呈现，这就是我们常说的适应。这也是即便教师在大声地讲课，但是，只要外界出现声音，哪怕声音非常小，也会吸引学生的注意力，使他们转头往外看的主要症结所在。对于体育课而言，教学的载体与教学的环境也可以是多样化发展的，甚至可以与其他年级的体育教师互相合作，以促进学生的相互协作能力、社会适应能力、人际交往能力的共同提高，使学生学会走出自我，参与其他各类体育活动；学会从他人处获取健身知识；学会对"体育运动"这个载体进行应用，使人际交往能力得到提高。

所有评价内容的确立、方式方法的应用，都会存在一定的变化，会受学习阶段深入与水平目标提高的影响，并随之发生改变。此外，体育教师还能够按照自己的教学习惯对其进行改变，在不同的班级中，对于不同的学习群体，也可以对不同的评价方式方法进行采用。我们之所以选择体育教学内容应用评价方式方法，主要目的是使体育课的开展促进学生运动兴趣的激发，使其自觉、自主参与体育锻炼的习惯与坚韧不拔、顽强勇敢意志品质形成，保证学生在身体方面、心理方面和社会适应能力方面等全面、健康、和谐地发展，进而使学生的整体健康水平得到提高。

四、体育教学评价新模式

（一）自评与他评相结合

体育教学的重要组成部分之一就是体育教学评价，学生既然是学习的主体，也必定是体育教学评价的主体。在体育教学过程中，教师发挥着主导的作用。因此，在评定学生成绩的时候，体育教师应该将主导作用充分地体现出来。同时，体育教师还要对学生的自我评价给予重视。对能够促进学生全面发展的评价体系进行建立，使得评价主体单一的现状得到改变，保证体育教学评价的主体，不仅要有体育教师，还要有班主任或者其他的任课教师；不仅要有家长，还要有学生群体，进而使体育教学评价成为一种交互活动，需要教师、学生和家长的共同参与，将"评价主体互动化"体现出来。学生互评能够使学生在角色转换的过程中取得自我满足感，进而使其学生比较鉴别、评判是非的能力得到提高，而学生自评则能够使学生自我认识能力与自我健身能力得到培养。

（二）重视学生心理健康及体育学习态度情感

体育教学的最终目标是促进学生身心健康的全面发展，在对学生体育学习进行评价的过程中，在对运动技能获得与身体素质提升进行考虑的同时，还要将学生的心理健康发展作为考核的指标。根据学生的认识规律与心理趋向，对体育课程内容的考核与评价进行设计，学生体育运动参与的积极性能够反映出其体育学习态度，也就是说，学生能不能对体育锻炼知识积极地学习，能不能主动参与体育锻炼，能不能同他人主动进行体育交往，等等。体育学习的情感与态度等心理因素影响着学生的未来发展，所以，也应该将它们作为评价、考核的重要标准。

（三）重视学生终身体育意识形成的评价

体育教学运动参与的主要目标是使学生良好的体育锻炼习惯得以形成，使学生终身体育锻炼的能力得到培养，使学生自觉参与健身活动的主动性得到提高，使被动参与体育活动的行为向自觉参与转变，对学生良好的健身行为与生活方式进行培养，这是体育教学的重要目标。

终身体育能力的培养是体育教学的一个基本任务。对于传统的体育评价体系我们应该进行改变，在评价开展的过程中，对于学生终身体育意识形成和发展的情况进行考察，保证体育教学评价能够对日后学生体育锻炼意愿的形成造成影响。

（四）体育教学评价新方法——价值增长评价

所谓的价值增长评价，主要指的是利用统计方法，对经过一段时间学习以后，学生所取得的有"价值"的学业进步或学业成绩增值进行衡量。在体育教学过程中，通常每一学期或者每一学年学生取得的考评分数会通过价值增长评价的方式，向标准分转化，之后，通过对这些标准分的综合，对学生学业成绩曲线图（横坐标为考评次数，纵坐标为标准分）进行构建。尽管每一个学生的曲线图会有各不相同的形状，然而，如果能够对大量学生的学业成绩曲线图进行收集与比较的话，那么就能够发现它们共同存在的曲线特征，例如，在某段曲线范围，所有的曲线都呈现上升趋势或者下降趋势，由此我们就能够对体育教师的教学工作进行判断，也就是对于教师能否保证学生取得有效的学习进步进行鉴别。此种对体育教师工作有效性进行评价的方法，逐渐取代了传统体育教师模式的评价，即领导的评价、专家的评价、同事的评价、基于体育教师的教学效果对他们进行的评价，所以，价值增长评价能够保证更加科学、客观地对体育教师进行评价。

第二节　高校体育教学管理的创新

一、体育教学管理基础

（一）体育教学管理的概念与原理

1.体育教学管理的概念

体育教学管理是一项系统的、综合性的工作，是具有一定管理权力的组织和个人对体育教学的人、财、物、信息和时间等方面进行的综合性管理。具体而言，体育教学管理包括控制、监督、组织、协调、计划等方面。

现代体育教学管理是一个系统的过程，其工作内容涵盖了体育事业的各个方面。体育教学管理是一项综合性的活动，其各个子系统与体育管理总目标保持着一定的一致性。在体育教学管理过程中，各个系统之间是相互影响、相互制约的关系，共同促进了体育教学管理总体目标的实现。

体育教学管理是一个周期性的活动，一般可将其分为三个阶段。第一阶段为计划阶段，这是体育教学管理的首要阶段。这一阶段主要的工作包括对教学和管理中的问题进行分析和预测，确定体育教学管理的目标，并进行相应的决策等。第二阶段为管理的实施阶段，这是管理过程的中心环节，这一阶段的重要工作包括教学管理的组织、指导、协调、检查和监督。第三阶段是体育教学管理的最后阶段，这一阶段的主要工作包括对体育教学管理开展对比、总结和评价等。这三个阶段构成了体育教学管理的周期，三者之间相互促进、相互联系。

2. 体育教学管理的原理

（1）系统原理

管理是一个大的系统，系统包含着多个要素，这些要素之间相互依存、相互联系，按照一定的结构动态地相互结合在一起，依据整体目标的要求进行组合。通过对系统理论的运用，细致地系统分析管理对象，从而使现代科学管理的优化目标得以实现，这就是系统原理。

根据系统原理，可以总结出体育管理的管理原则。将这些原则应用于体育管理，可以促进体育管理工作的顺利完成。

①"整—分—合"原则

具体来说，就是对整体工作进行详细的了解，并在此基础上分解整体，使之由多个基本要素组成，进而对每个要素进行明确的分工，规范每项工作，进行责任制的建立，然后进行科学的组织综合，最终提高管理功效。

②相对封闭原则

管理系统具有系统各要素之间的关系、相关系统外部之间的关系两大基本方面的关系，使系统内的管理手段、措施构成一个连续的封闭回路，形成有效的管理运动。

③优化组合原则

对体育教学系统各要素的组合（组织、目标、人才、环境的优化组合）要科学，只有这样才能提高教学管理系统整体的效益。

（2）人本原理

人本原理是指一切管理活动均应以调动人的积极性、做好人的工作为根本，要求管理者在管理活动中做到以人为本。

人是管理活动的核心和主体，在体育教学管理系统中，要以人为本，重视人的工作态度、工作动力、工作能力的观察和挖掘，根据人的能力水平安排工作，从物质、精神、信息等方面为工作人员提供动力支持，使人性得到最完善的发展，以促进体育管理活动的顺利开展。

（3）效益原理

体育教学管理要想实现管理效益的最大化，就必须在对各个环节、工作进行管理时，都要以提高效益为中心，科学、节省、有效地使用有限的人力、财力、物力、智力和时间、信息等资源，这就是效益原理。

从本质上讲，管理的根本目的就是效益。因此，体育教学管理也要重视社会经济效益的实现，确定管理活动的效益观。要从不同的主体和不同的角度去评估管理效益，并在管理过程中及时协调影响管理效益的各因素的关系，促进最佳效益的实现。

（4）动态原理

动态原理是指系统管理目标的实现受人、财、物、时间、信息等因素的影响，再加上管理对象的变化，系统的计划、组织、控制、协调等各个环节必须相应地进行变化，以对管理对象的变化进行动态的适应，从而保证管理目标的实现。

在体育教学中，动态原理要求管理者在管理中要给予下级一定的权力，保证管理的弹性，以便及时采取应对措施，保证管理活动的正常进行。此外，还要重视管理过程中反馈信息的收集与控制，通过信息的反馈，控制未来的行进速度，并最终实现管理目标。

（二）体育教学管理的特点与要素

1. 体育教学管理的特点

（1）阶段性

学生的年龄特点以及体育教学的年度教学特征，对体育教学管理具有重要的意义。在管理过程中，应根据不同的教学阶段开展相应的阶段性体育教学管理工作。因此，在现代体育教学管理中，阶段性是其鲜明的特点。需要指出的是，虽然体育教学管理具有一定的阶段性，但是，各个阶段之间还具有一定的连续性，管理工作需循序渐进，逐步提高。

（2）教育性

体育教学是我国教育系统的重要组成部分，对于学生体质健康水平的改善和学生素质的提高均具有重要的作用。因此，体育教学管理也呈现出一定的教育性特点。体育教学管理过程应坚持"以人为本"的原则，促进学生各方面的发展和提高。

现代体育教育是教育的一个重要组成部分，因此现代体育管理也必然离不开一定的教育性。我国体育教育教学的总体目标是"以人为本"。因此，现代体育管理应突出"育人"的特点，在育人的基础上调动管理者的积极性和主动性，从而为现代体育管理效益的不断提高创造条件。

（3）系统性

体育教育管理系统运行过程会面临多方面的问题，很好地分析和解决相应的问题是促进体育管理系统发展的重要推动力。在现代体育教学管理过程中，应坚持系统性原则，从管理工作的整体进行把握和控制，进行科学、合理的宏观调控，使系统的各方面都能够得到良性发展，从而形成一个强有力的整合系统。具体而言，学校体育教学管理包括人、物、信息、时间四个方面，对其的管理也是在这四个维度上开展的。在体育管理过程中，应灵活协调这四个方面的关系。

（4）方向性

体育教学管理应具有一定的方向性，科学的理论是其开展工作的指导思想，并且贯穿管理过程的始终。具体而言，就是要在体育教学管理过程中，全面贯彻和执行党的教育方针，为实现学校教育的总目标服务，这也是现代体育管理方向性的体现。

2. 体育教学管理的要素

体育教学是一项涉及多方面的复杂活动，为了更好地对其管理工作开展研究，有关学者对其基本要素进行了如下三个方面的划分：

（1）体育教学管理的对象

体育管理的对象即为各种管理活动的承受者，但是，它不仅仅是人，还包括财、物、时间、信息等各方面的因素。在体育教学管理中，管理对象所指的人主要是基层学校体育工作的操作者；对财产的管理则主要是指对体育教学经费的管理，保证体育教学经费能够合理使用，并创造一定的经济效益；对物的管理则主要是对体育教学过程中所使用的场地、器材设备进行的管理，科学合理使用这些设备，尽可能提高其使用效率；对时间的管理则是对体育教学的时间和进度进行科学、合理安排，提高单位时间内的办事效率；对信息的管理则主要是对体育教学过程中的各方面信息，如学生的各项生理指标、运动成绩等进行的管理。通过对这些信息进行有效整合、存储来提高体育教学工作的效率。

（2）体育教学管理的主体

体育教学管理主体主要是指在体育教学管理活动中承担管理职能的人或组织。具体来说，体育教学管理主体即体育教学管理者或学校体育教学管理机构。体育教学管理者主要包括基层组织管理者和中上层领导者，他们在管理活动中处于主导地位，负责制订计划、组织实施和指导检查等各项工作，根据相应的管理办法来构建相应的管理机构，对教学过程实施科学的管理活动。体育教学管理机构中管理者的个体素质以及由这些管理者组合起来所形成的集体素质结构，对体育教学的发展起着十分重要的决定作用。

（3）体育教学管理的手段

体育教学管理的手段是指管理者为实现体育教学管理的目标所采取的方法和措施。体育教学管理手段是体育教学管理活动赖以进行的条件和方式，主要包括宣传教育手段、行政手段、法规手段和经济手段等。

一般而言，人是体育教学管理中的核心要素，体育管理的目标、计划、决策方案等的制定和实施都需要人的参与。人是体育教学管理的核心，对体育教学管理目标的实现有着重要的影响，应通过多种手段提高人的积极性和主动性。

二、高校现行教学管理的问题和优化

（一）高校体育教学管理存在的问题

1. 层级结构不够科学

层级结构的科学与否会影响权力的纵向分配是否合理及信息传递方式是否快捷高效。与层级结构密切相关的是管理的幅度，管理幅度越大，层级结构越少，各层级的权力职责分工就越明晰，信息的传递也将更高效，如果层次过多，则信息传递的速度和效率就会受到影响，组织效能亦将降低。

2. 基层科研学术组织形式单一

通过对我国普通高校历史的考察，我们可以看到，我国有组织的科研活动自中华人民共和国成立后才刚刚起步，中科院系统承担了我国主要的科研活动，有组织的科研也是从中科院系统中发展起来的，与大学的关系并不密切。1950年和1961年的政策法规规定，大学基层学术组织被定性为"教学组织"。在20世纪80年代之前，教学和科研的分工在大学中是微乎其微的。20世纪80年代中期以后，我国普通高校开始实行"学院制"，改革的目的是加强学科间的联合，并通过建立学院为学科提供产生与发展的空间。

以上问题是目前我国高校体育管理组织结构中普遍存在的主要问题，正是这些问题的存在影响了高校体育管理组织结构的有效性。

（二）高校体育管理体制的优化设计

1. 优化设计的原则

（1）目标任务原则

我国高校体育管理组织结构要根据目标任务设置职位，并根据职位安排人员。组织结构是根据高校的目标任务及国家政策制度的要求而变化的，所以组织结构中的机构、职务、职位都应当围绕着组织目标或组织工作的需要来设置，这样才能保证目标任务明确、结构清晰有效。

（2）适应性原则

适应性原则指的是我国高校体育管理组织结构的设计，应该与当前的目标任务、内外界环境和自身资源等相适应，以满足国家、社会和高校发展的需求。首先，高校体育管理组织结构的设计应该与我国高校体育的目标任务相适应，这是完成高校体育管理目标任务的基本保证。其次，组织结构的设计应该与高校的内外部环境及高校的资源相适应。高校的规模、所处城市的经济发展状况及高校所拥有的体育资源都是组织结构设计应当考虑的重要因素。不同的高校需要不同的组织结构以确保其目标任务的完成，如设有体育院系的高校与没有体育院系的高校的目标任务就不同。即使是没有体育院系的高校，也会因其学校规模、所在地区及是否有高水平运动队，而导致组织结构存在不同。进一步说，即使是相同的组织结构，也会因其责权设置的不同而产生不同的效果。因此，普通高校体育管理组织结构的设计还应当与高校的内外部环境及自身资源相适应，才能有效地完成普通高校的体育职能。

（3）高效性原则

效率是衡量管理优劣的主要评价标准之一，强调的是组织成员付出努力，以最小的出错率达到资源利用的经济性。加强高校体育工作，进一步发展高校体育，重要的是关注管理效率。只有高效的管理，才能提高高校体育工作的效益。无论采取哪种组织管理结构，首先要保证管理渠道的畅通。在适宜的组织环境中，保证组织目标任务能够实现的前提下，结构设计应当尽量简单，减少层次和职务类别，有效利用资源，以保证组织最大限度地发挥人、财、物等方面的综合效用。

（4）动态性原则

组织是一个开放的系统，任何成功的组织结构，随着组织的发展与环境的变迁都会出现问题。高校体育组织所处的环境是不断变化着的，随着其所在高校的发展变化，其组织结构也必然会随着这种变化而发生变化，是不存在一成不变的组织结构的。高校的体育组织结构应该是动态的、开放的，这样才能适应不断发展变化的环境。此外，组织结构只有适宜的，没有所谓最好的、最标准的组织结构。

2. 优化设计中的调控

在组织成长发展的过程中，随着环境的改变，管理者必须决定如何进行调控，以便组织能顺利创造价值。组织设计的调控：一是垂直与水平分化，二是平衡分化与整合，三是平衡集权与分权。成功的组织设计能够使组织通过控制自身的活动来达成其目标。

（1）垂直与水平分化

在组织设计中，如何进行组织分化以达成组织目标是主要的挑战之一。分化是一种过程，在这个过程中组织根据目标任务分配人力与资源，并建立任务与职权之间的关系，促使组织能达成目标。简而言之，分化就是在组织中建立并控制分工或专业化程度的过程。当组织中的分工程度提高时，管理者将专精于某种角色，并雇用他人来专司其他工作。专业化就是让人们得以发展个别的能力与知识，这是组织核心竞争力的来源。

普通高校体育管理组织结构，如果要取得成功的设计，则既要注重垂直分化的层级设计，也要注重水平分化的层级设计。只有这样的组织结构才能取得较好的管理效能。

（2）平衡分化与整合

组织的水平分化有助于组织成员的专业化，从而获得较高的生产力，但组织却常因为专业分工限制了次级单位之间的沟通，导致无法互相学习。水平分化使得部门发展本位导向，即完全以自己单位的时间架构、目标和人际取向来考虑自己单位在组织中的所扮演的角色。例如，教学与健康教研室重视的是教学和学生的体质测试，而教学与训练群体教研室则以教学和群体训练活动为主。当不同部门从不同的角度看待事情时，就常常无法顺利沟通，协调也就变得困难。常用的整合机制可分为七种（表5-2-1）。

表5-2-1 常用的整合机制

整合机制（层级越多，复杂性越高）	描述	例子
职权层级	由整合上下级别来整合	教研室教师向教研室主任报告
直接接触	由主管部门之间的面对面沟通来整合	教研室教师向教研室主任报告器材问题

续表

整合机制（层级越多，复杂性越高）	描 述	例 子
联络角色	任命某人为主管，专门与其他单位的主管协调部门间的事宜	在体育教研部的教学、群体与场馆中心，各指定负责人与其他部门进行协调
任务小组	各单位管理人员一起在暂时性的委员会中，开会协调跨部门的事宜	组成一个委员会，负责运动会的开幕式及团体操表演
团队	各单位管理人员定期在永久性的委员会中，一起开会协调跨部门的事宜	在各教研室组成一个永久性的科研委员会，促进体育科学研究
整合角色	以一个全新设计来协调两个或两个以上部门的角色	体育教研部副主任负责教学与科研活动
整合部门	以一个全新的设计来协调两个或两个以上部门或事业部的部门	某个主管团队负责协调体育教研部的集权专案，以便使各部门教研室间能共享技术与资源

为了避免水平分化所引起的沟通问题，组织常使用新的或更好的部门整合方案，企图提升次级单位间的合作、沟通与协调。如何促进次级单位间的沟通与协调，是管理者的一项重要挑战。这个问题之所以重要，原因之一是次级单位的本位导向使沟通变得困难且复杂。此外，另一个造成组织缺乏协调与沟通的原因是，管理者未能正确使用整合机制。

整合是协调各种任务、部门和事业部的过程，目的是使它们能同心协力、目标一致。

（3）平衡集权与分化

职权赋予组织成员为自己的行为负责，以及决定资源如何使用的权力。重大决策权均保留给高层管理者，称为高度集权。反之，当将组织资源的使用与推动新的计划等重大决策权分配给组织的各阶层主管时，则称为高度分权。

集权和分权都各具优缺点。集权的优点是让高层管理者主管协调组织各种活动，使他们都朝着共同的目标努力。集权的缺点是当高层管理者的负担过重，并忙于每天的作业性决策（如教师安排与场地分配），没有时间为组织的未来思考长远的策略性的决策。分权的优点是低层管理者对于当场、即时的问题有决策权，因而能提升组织的弹性与应变能力。管理者仍需为自己的行为负责，但是会更愿意去肩负更大的责任，以及做必要的冒险。此外，在分权设计下，管理者有权作出重要的决定，因此，比较能够发挥出技术与能力，且从而为组织把事情做得更好。分权的缺点是当各阶层的管理者都有决策的自主权时，组织的规划与协调就会变得非常困难，组织将失去对于决策过程的控制能力。

如何正确平衡集权与分权是组织设计的挑战之一。过度的分权将使管理者追求自己部门的目标，而无法达成组织整体目标。相反，过度的集权会让高层管理者来做所有的重大决策，会造成各部门缺乏相应的自主权。理想的情况是平衡集权与分权，让掌握情况与行动的中层和低层管理者能够做重要的决策，而高层管理者则专注于长期的策略性的决策。

三、现代体育教学质量管理体系的构建

（一）现代体育教学质量管理体系构建的具体要求

1. 构建现代体育教学质量评估体系

作为学校内部体育教学质量的监控体系，以及为体育教学质量提供重要保证的重要环节，进行教师教学质量评估是学校教学的主要管理部门经常采用的对教学质量进行管理的主要方式。学校的基本任务就是教书育人，而促进教育质量不断提高也是其中永远不变的主题。教学质量的提高是促进教育质量不断提高的重中之重，这也是现代教育进入到大众化阶段所产生的社会共识。为了促进现代教学质量的不断提高，相关教育主管部门制定并推行了相应的教学评估制度，同时地方教育部门也将《学校体育工作条例》这一评估制度进行了很好的贯彻。以上这两个评估制度现已成为促进我国体育教学质量不断提高的关键举措。在现代学校教学中，长久以来都是根据对人才进行培养的定位与目标，尝试建立起一个自我约束、自我完善的监控体系和内部教学质量保证体系。在对体育教学质量进行管理方面，对体育教师教学质量进行评估已成为学校教学相关管理部门最主要、最常采用的方式。

2. 构建质量管理反馈系统

在质量管理方面，信息是其中较为主要的依据。为了确保学校质量管理体

系能够得到正常的运转,就需要构建一个内外信息沟通的反馈系统。应组建"教学督导员队伍""教学信息员队伍",借助问卷调查、学生座谈会、网上信箱、网上评教、编制《教学通信》等途径,对教学与管理方面的信息进行收集与反馈。此外,在固定的时间还要在教育质量评估和监控例会上对有关教师、学生、专家的质量信息进行汇总,从而促进体育教学工作质量不断提高。这样才能对教师上课的质量和学生的各种需求进行及时、便利、高效的了解和掌握。

3. 设定质量管理目标体系

同其他学科相比,体育学科具有一定的特殊性。每个学校的体育教学发展实际情况存在较大差距,公共体育普遍发展相对缓慢。这就要求各学校要通过分析具体实际情况来制定质量目标,内容要包括体育服务质量的全部内容,每一项内容都应规定具体的标准,包括定量和定性的规定。所制定的目标要符合实际,切实可行。

(二)体育教学质量管理体系建构的程序

1. 对体育教学质量监控体系进行总体策划和设计

所谓对教学质量进行监控的体系,是指为了更好地保障体育教学质量,在教学过程中所采取的一系列的教学管理机制和教学质量监控机制。这些机制在正常运作下,能够更好地巩固和提高体育教学质量。这个体系的主要内容包括教学质量监控与管理的激励、竞争、创新、约束机制,教学质量评价、教学质量监控的组织体系,教学的基本条件,教学管理的规章制度,教学环境的建设,以及决策、运行、指挥、条件保证和仲裁督导等诸多结构。

对于体育教学质量来说,一个完整的质量管理体系主要包括以下三个方面:

第一,负责对体育教学过程质量进行监控的体育相关部门在内部所进行的自我评价及相关监控系统。

第二,教育部以及省教育厅中有关的权威专业评估机构。

第三,以结果评价为主的包括大众传播媒体在内的民间评估机构。

2. 编制体育教学质量管理文件和实施、运行质量管理体系

体育程序文件、作业文件和质量手册三级文件的建立,促使学校体育教育

管理模式更加文件化和制度化，进一步明确各个工作岗位的主要职责、权限和岗位之间的相互关系，从而更好地确定各项工作的程序。在工作过程中，由于各项工作有着各自不同的内容，每个人应根据作业文件和程序文件的详细要求来做，不能单单依靠领导的责任心以及多年的工作经验来进行协调和管理。只有这样才能使学校各项工作中的每一个环节和管理层面的准确性和高效性得到有效保障，从而更好地避免工作的随意性。这样会使更多感性的东西逐渐上升到更为理性的层面，以保证各项工作都能做到"有法可依"。在对体育教学质量管理体系进行调试运行阶段，自查是不可缺少的一个环节。要经常进行自查，从而使体育教学质量管理体系能够得到正常而有效的运转。

3. 对质量管理体系进行持续改进

学校体育所追求的目标，是通过对质量管理体系进行调整、保持和完善，从而形成一个能够让学生满意，并且能够持续发展的质量管理体系。在对学校体育质量管理体系进行贯彻实施的过程中，学校的各级管理者需对该体系进行关注并持续改进，针对现行的质量管理体系运行情况采用系统的方法进行分析与评价，取其精华，去其糟粕，并确定需要改进的目标，通过多渠道、多途径找出最有效的解决问题的方法，从而实现这些目标。

第六章　高校体育教学实践创新——户外拓展

高校体育教学改革创新应打破传统教学思路，开辟校园围墙外的体育教学"课堂"。可以通过教学的户外拓展实践引导学生参与知识体验，使学生深入了解知识，促进学生对体育知识技能的科学吸收。本章围绕高校体育教学实践创新——户外拓展这一主题进行阐述，分为三节：高校户外体育教学的组织与管理、户外教学之徒步穿越与野外生存、户外运动急救知识。

第一节　高校户外体育教学的组织与管理

一、高校户外运动课程开设与教学

（一）高校户外运动概述

1. 户外运动起源及发展

（1）户外运动起源

户外运动最早可以追溯到18世纪的欧洲。根据相关资料的记载，法国著名科学家德·索修尔为了在险峻的高山中寻找珍稀的植物资源，便希望有人能登上法国最高的山峰——勃朗峰，探寻珍稀植物的存在。德·索修尔在山脚下贴出了一张告示："凡是能够登上勃朗峰或是能够提供攀登路线的，将以重金奖赏。"这张告示在贴出后无人问津，而当它被揭下来时已经过了26年之久，是由当时一位名叫巴卡罗的医生揭下的。索修尔当下便与巴卡罗为攀登作出一系列准备，其间，一位采掘工人也加入其中。他们于1786年8月6日首次登上了勃朗峰。第二年，索修尔再次组建了一支20人的攀登队伍，正式揭开了现代登山运动的序幕。

另有一些起源说法认为，在18世纪，传教士为了传教不得不穿越高山，从此拉开了户外运动序幕。成功的资本家为了追求另一种休闲方式，选择了登山这一刺激的项目，以获得另一种成功感和征服感，由此户外运动流行开来。[①]

（2）早期

户外运动在早期并不能称得上是一种运动项目，这是因为当时人们在户外进行一系列活动只是迫于生存的需要，在户外采药、狩猎等。在第二次世界大战中，参战方英国为了加强军队的作战能力，开始利用户外所具有的自然屏障和绳网进行障碍训练，以加强军队在野外的团队合作能力和野外生存能力及战斗力，这是人类历史上首次有目的性、有系统地运用户外活动。

（3）第二次世界大战后

第二次世界大战结束之后，战争开始逐渐远离人们的生活，户外活动也不再只用于军队训练和野外求生，而是慢慢地成了人们休闲娱乐的一种方式。1989年，新西兰首次以户外越野探险为主题举办了挑战赛，自此，全世界范围内的各种户外主题活动开始相继展开，尤其是以欧洲为首各个国家每年都会举办与户外运动有关的各种大型挑战赛。

（4）我国的户外运动

我国的户外运动兴起于20世纪50年代，当时中华人民共和国刚刚成立，在经济、文化、体育等各个领域都急需证明自己的实力，其中，在体育领域中，登山就成为重点发展项目之一。

当时，中国第一批职业登山运动员首次登上3767米的秦岭太白山主峰。随后，中国职业登山队相继登上了7546米的慕士塔格山、7530米的公格尔九别峰、7556米的贡嘎顶峰。1960年5月25日，中国登山队的王富洲、屈银华、贡布三人登上了世界第一高峰珠穆朗玛峰，并在峰顶插上了中国的国旗，这在中国当时特殊的政治环境和国情下几乎是无法完成的。在登上珠穆朗玛峰之时，我国的登山队成立时间仅仅有4年，但是中国登山队却代表国家，克服了各种困难，将这项成就永远载入了登山探险的里程碑。作为户外运动之乡的英国，其

---

① 游茂林，张东军，鲍军超. 户外运动发展史研究[M]. 北京：北京体育大学出版社，2013.

登山领域更是对中国的这一创举作出了这样的评论："他们登上了过去被认为是做不到的（珠峰）北坡。"①

（5）我国现代户外运动

1979年，中共十一届三中全会制定改革开放总方针后，中国现代登山运动发生了历史性的转折。中国与各国登山界进一步建立起密切联系，并广泛开展各种交流活动。由此，中国境内的山峰走向开放形式，由于我国境内的高山资源极为丰富，世界各国都争先提出进入中国境内登山的要求。到改革开放前，美国提出过7次，奥地利提出过11次，日本提出过40多次。到了1979年，根据国家体委的报告，经过国务院批准，中国境内的8座山峰对外开放。从1981年起，来自欧洲和日本、北美诸国的登山界人士与旅游者逐年增多，到1985年，中国共接待了来自15个国家和地区的120个团、队，人数达1250人次。1984年年初，中日联合攀登阿尼玛卿二峰，1988年中国、日本和尼泊尔三国双跨珠峰，1990年中国、美国和苏联联合攀登珠峰。由此，我国的山峰开放推动了户外运动的民间化发展。

从1999年开始，我国的户外运动逐渐趋向于商业性质，各种户外探险公司、户外运动俱乐部陆续成立。根据国家体育总局统计，近年来，我国与户外运动有关的体育用品商店在2007年就已经达到了1500家，一直到现在仍在增长。②

（6）我国户外运动的优势

户外运动是在户外的自然环境中进行的运动项目，而我国地大物博、地域广袤，在自然资源方面拥有许多得天独厚的先天优势。

①陆地资源

我国山地多，林地、草地等资源丰富，利用这些自然资源可以广泛开展攀登、越野、徒行等户外运动项目。

②河流资源

我国河网稠密，湖泊众多，在开展冲浪、漂流、滑水等户外运动时也极具优势。

---

① 徐永清.珠峰简史[M].北京：商务印书馆，2017.

② 李相如.户外运动休闲研究报告[M].北京：金盾出版社，2016.

③草地资源

我国的草地资源面积居世界第二，对野外露营等户外活动的开展极为有利。

2. 户外运动的类型及项目

（1）户外运动的主要类型

户外运动类型种类繁多，主要可以分为 14 种（表 6-1-1）。

表 6-1-1　户外运动的主要种类

攀岩	有自然场地攀岩和人工场地攀岩两种
攀冰	即攀登雪山、高山等，主要是自然冰，分为冰瀑、冰挂两种
速降	攀登上天然陡峭的悬崖之后，利用绳索从顶端急速下降到地面
野营	在野外的自然环境中利用现有的自然资源进行露营、野炊、扎营
定向越野	指定一个地点，然后在野外利用指南针或地图以不同形式去完成一段路程，类似于"寻宝"游戏
轮滑	又分为双排轮滑、单排轮滑，靠鞋底的轮子和自身力量进行滑行
探险	具有一定的刺激性和挑战性，一般由多人结伴在深山野外进行
徒步	有目的地在郊区或山野间进行长距离的步行活动
登山	徒手或利用专业的工具从低海拔向高海拔进行攀登的过程
潜水	泛指所有以水下活动为主要内容的休闲运动
冲浪	是以海浪为动力推动冲浪板滑动的一项极限运动
溯溪	在峡谷溪流的上下游之间，克服地形上的各处障碍，穷水之源而登山之巅的一项探险运动
钓鱼	是利用不同工具捕捉鱼类的一种户外活动
小轮车	即自行越野车，与自行车外形类似，但轮胎比较粗，赛道和越野摩托车所用赛道十分相似

（2）户外运动的项目

户外运动项目多种多样。户外运动在很大程度上都是对自我的一种挑战，表现了人类在大自然中的生存力和适应力（表 6-1-2）。

表 6-1-2　户外运动的具体项目

水面运动及航海类	潜水	游泳、跳水、水球、漂流等
	航海	帆船、游艇、摩托艇、水上摩托等
陆地运动及单车运动	徒步	跑步、暴走、定向越野等
	单车	公路车长途、山地车越野、山地速降等
山地运动及地下活动	登山	山地穿越、攀爬登山等
	速降	滑雪、滑草、岩降、滑降等
	攀爬	攀岩、攀石等
	探洞	天然洞穴、人工洞穴、水下溶洞等
野外活动	野营露宿	采集花草、拓展训练等
	钓鱼	塘钓、海钓等
	野外探察、地质考察、古迹考察、采集矿石、采访奇闻等	
机动车船及航空运动	摩托	山地越野、公路竞赛等
	汽车	赛车、越野、探险等
	滑行	滑雪、滑冰、旱冰、滑板、蹦极、岩跳等
	航空运动	滑翔伞、动力伞、滑翔机、超轻型飞机等
娱乐休闲及军体运动	球类	足球、篮球、排球、羽毛球、网球、橄榄球等
	骑行	自行车、小轮车、骑马等
	射击	气枪、打猎、射箭等
	娱乐	斗草、打弹子、刷陀螺、斗鸡等

3. 户外运动的特性及意义

（1）户外运动的特性

①自然性

自然性是户外运动最为主要的特性，户外运动所有的项目都需要在自然环境中举行。同时，也正是由于其自然性这一特性，人们在户外进行运动时，可以使身心脱离城市的喧嚣，回归自然、返璞归真，能够享受大自然给内心带来的宁静感和安定感。

②开放性

开放性是指自然界中的天气、地形、地貌等都是向人类开放的，能够激发人们的探索欲。人们在进行户外探险时能够展现素质水平，使身体、心理、意志等得到极大的挑战和训练。

③危险性

正是由于户外运动具有开放性的特点，其危险性也是必然存在的。大自然环境复杂且变幻无常，各种危险和灾难都隐藏其中。在开展户外运动之前，必须做好各方面的准备工作与应急工作，提高安全意识，将危险系数降到最低。

④团体性

在户外运动的多种项目中，很大一部分运动项目都需要由多人结队组织进行，这不仅仅是出于安全性的考虑，也是人类作为群居动物的本能选择。在户外面对不同的困境和挑战时，团体智慧和能力的集合有利于使人们在大自然中更好地生存。

⑤大众性

除一些危险系数较高的户外运动项目外，绝大多数户外运动项目对人们来说都是比较适宜的，如垂钓、野营露宿等现已成为当今社会人们放松自己的一种休闲方式。

⑥科学性

科学性是指对于一些高难度、高危险的户外运动项目来说，要想顺利展开活动，参与者必须从身体、心理、装备等多个方面做好专业的了解和准备，而非简单地准备就可"轻装上阵"。

⑦启迪性

户外运动的启迪性就在于，户外运动可以启迪人们更加热爱生活、珍惜生命、吃苦耐劳、环境保护、团队协作，使人的身体到心理、到思想都有质的转变。

⑧综合性

户外运动参与者的知识认知水平集生理、生物、医学、天文、人文、历史、环境、心理等多方面于一体。

（2）户外运动的价值分析

户外运动的价值主要体现在身体和心理两个方面，其中在身体方面的价值尤为显著。

①对神经系统的影响

通过中枢神经系统和周围神经系统的调节，人的生理机能能够得到很大的改善。

②对心血管系统的影响

使心肌发达，心脏收缩有力，增强心肺功能。

③对消化系统的影响

加强膈肌和腹肌的力量，促进肠胃蠕动，利于消化吸收，降低肌肉中的胆固醇。

④对内分泌、免疫功能的影响

当肌体受到一定的刺激后，身体会发生非特异性适应反应，提高免疫功能，保持旺盛的生命力。

⑤对新陈代谢的影响

在运动过程中，人体中的血液循环会加快，热量、汗液的排出都需要能量，以此加快身体的新陈代谢。

⑥对呼吸系统的影响

户外运动可以使呼吸器官的构造和机能都得到改善。

⑦对运动系统的影响

在户外运动过程中，人体中的骨骼、肌肉、内脏等器官都会不断地生长，变得更为强壮。

⑧在心理健康方面

户外运动可以使人能够暂时脱离生活中的烦恼和压力，重回大自然的怀抱，有效地调节情绪，减少心理上的各种浮躁、不安、紧张、抑郁情绪，促进心理健康，消除负面情绪。同时，人们在户外运动中需要克服各种自然困难，因此，人的意志品格和吃苦耐劳的精神也能得到培养。

（3）意义

第一，随着社会经济的不断发展，人们的生活质量显著提高，各种"现代病""富贵病"也陆续出现，户外运动便成为人们改善自身健康状况的一种重要选择。

第二，对于很多人来说，现代都市生活节奏快、压力大，不管是在身体还是心理上都会有一定的疲惫感，而户外运动让人们远离城市，成为自我心理调节最好的方式。

第三，由于户外活动具有团体性特征，所以，在参与户外运动的过程中可以拓展自己的人际关系，同时提升自己的团队合作能力。

第四，户外运动种类多种多样，男女老少均能从中找到适合自己的项目，极大地提高了人们的参与积极性。

第五，户外运动可以激发人们的挑战意识，以及磨炼人们的意志，同时还丰富了人们的人生经验。

（二）高校户外运动课程开设

1. 高校户外运动开设的必要性

（1）符合高校体育课程改革的需要和发展趋势

若将户外运动纳入高校体育课程中，将传统的体育教学课堂迁入大自然中，将能使传统教学课堂封闭、单一的情况得到很大改善。因此，高校户外运动课程的开展是符合高校体育教学改革需求的。

此外，高校户外运动课程的开展还符合高校体育课程改革的发展趋势。这主要体现在，户外运动课程是一种教师与学生之间的双向活动，可以充分体现学生的主体地位，同时又能调动学生的主观能动性，使学生的学习兴趣和积极性被激发。

（2）高校实施素质教育的重要手段

高校实施素质教育就是为了能够培养出更多优质型人才。优质型人才是指具有优秀的专业知识，同时在思想、心理、道德、意志品格等方面表现出色的人才。相关研究证明，户外体育运动在培养学生综合素质方面具有良好的效果。

首先，户外运动能够帮助学生加强身体锻炼和体能素质，是最为直观的表现。身体是从事一切活动的基础，学生有良好的身体基础才能顺利地开展其他活动事项。其次，户外运动可以让学生从平时繁重的学业中暂时抽离出来，使大脑和心理上都能获得一定的放松，有效排解学生的不良情绪。最后，高校学生开展户外体育活动多是以集体为单位，所以有效促进了学生人际关系的发展，让学生学会在团体中如何与他人更好地相处，和其他同学共同开展良好的集体生活。因此，可以看出，高校体育课程开设户外体育运动不仅可以弥补体育教学的不足，还契合了新时代学生心理、人际、思想等多方面的素质教育要求。

（3）符合现代高校体育教学理念

现代高校体育教学理念是向学生传授体育知识、技术与技能，有效地发展学生身体素质，增强学生的体质，培养学生的道德意志品质。高校体育课程开设户外运动可以使其现代化体育教学理念得到深化和贯彻。

①人文性原则

户外运动在使学生的身体素质得到锻炼的同时，对其心理、思想、意志等方面也能起到培养作用，使学生首先基于"人"得到发展，其次在"学生"上实现认知和发展。

②主体性和选择性原则

户外运动课程之所以能够被纳入高校体育课堂中，与户外体育运动的基础性是分不开的。户外体育运动极大地符合了学生的兴趣爱好和身心发展等需求，同时扩大了体育教学的选择性。

③开放性原则

户外运动课程的开设可以让体育教学课程从传统的环境中转移出来，拓展体育教学空间，让学生能够在大自然中释放自己的天性，教师也能在其中创新自己的教学策略和方式。

2. 高校户外运动课程教学的理论研究

高校体育课程引进户外运动可以提高学生各方面的认知水平和素质，如心理学、生物学、健康学、社会学、教育学等知识。当然，这并不意味着户外体育教学需要将这些内容全部作为重点来教学，它与其他学科一样都具有一定的侧重点。因此，高校户外运动课程在开展教学前，还需要对理论知识进行一系列的研究，对其中的基本信息进行梳理，分析概括，使各个高校可以根据现有的环境和器材设施，以及学生身心发展的特点来具体选择适应本校的户外运动项目。

（1）户外运动课程教学的教育学基础

户外运动课程教学的教育学基础为"健康教育"和"素质教育"。户外运动课程教学的理论研究应以这两方面为基础具体展开。在高校户外运动课程教学中，教育学所产生的影响和意义是最为核心的，可以为教学理念的形成提供一定的依据。

（2）户外运动课程教学的心理学基础

户外运动课程的教学无论是从教学目标、教学设计、教学任务，还是从教学结果来看，都对学生的心理教育有明确的指向，这也体现了户外运动课程教学心理学理论的重要性。

①归因理论

归因理论是心理学理论的重要组成部分，主要是指观察者为了预测和评价被观察者的行为，对环境加以控制以及对行为加以激励，从而对被观察者的行为作出解释和推论，如心理活动的归因、行为归因、对个体未来行为的推断等。在户外运动课程教学中，教师就可以根据这一心理学理论对学生的一系列行为进行观察，从而得出有利数据，推动户外运动教学的发展。

②态度理论

态度理论是指态度的形成，是人们在对特定对象的认知、评价和判断过程中所产生的心理倾向。其中，认知是基础，会对人们后面的一系列行为产生影响，这也是在户外运动体育教学中的关键。

③目标设定理论

目标设定理论认为，目标具有一定的激励性作用，可以将人的需求转变为动机，使人朝着目标而作出努力，并把自己的行为结果与设定的目标进行比照，从而在努力的过程中不断调整和完善，最后达成目标。在高校户外运动课程教学中，教师可以根据学生的心理需求和兴趣特点，为学生设定出合理的目标，培养学生的自信心和抗挫折心理。

④社会学习理论

社会学习理论是一种在"刺激—反应"学习原理及认识学习论基础上发展起来的理论，主要是阐述人是怎样在社会环境中学习的。在高校户外运动课程教学中，社会学习理论注重学生的观察学习和自我调节，强调人的行为和环境的相互作用。

（3）户外运动课程教学的管理学基础

管理学是研究在现有的环境和条件下，如何科学合理地分配人、财、物等因素，是一门交叉性的理论研究。在高校户外运动课堂教学中，如何对学生、物资等方面进行管理尤为重要，在对户外运动课程进行理论研究时，还需要对管理学方面的知识进行探讨。

二、高校户外运动的组织实施

（一）户外运动的学习培训与实施准备

1. *户外运动的学习培训*

（1）户外运动基本知识学习

户外运动是在城市之外的大自然中进行的，所以，在进行户外运动前，需要对大自然的相关知识进行了解，如天气、气候、地貌等。

人体各项机能长期以来适应了城市中的各种节奏和环境，因此，为了避免在大自然中身体机能产生不良反应，在进行户外运动时，运动者应对自己的基本健康状况做到初步了解，以免出现不适。

户外运动情况多变，运动者可能需要运用到多方面的知识，在了解完天气、地貌等方面的知识后，还可以多加储备其他类型的知识，如医学、人文、社会、历史等，以备不时之需。

在户外运动课程开展前，学生还需要对此次活动内容的主题进行了解，并学习基本的生存常识。

(2)户外运动基本素质训练

在活动开展之前，学生可以针对户外活动的主题，进行一系列的基本素质训练，将身体的速度、灵敏度、柔韧性、耐力、力量等调整到一个最佳状态，从而能够更好地适应户外复杂的环境和艰苦的条件。值得注意的是，在进行基本素质训练时，一定要适量、适当，不要让身体过度疲劳。

(3)户外运动基本技能的训练

户外运动基本技能训练是指要进行一些具体的、有针对性的技能训练，如攀登技术、滑雪技术、渡河技术训练；与生活有关的生火技术、捕猎技术训练；与医疗救急有关的伤口处理、心肺复苏、简单包扎等技术训练。为了获得更好的学习效果，这些训练还可以通过现场模拟的形式进行学习。

2.户外运动准备工作

(1)身心准备

大学生精力充沛，对未知事物充满好奇且富有冒险精神，因而对户外运动往往也表现出极大的兴趣和热情。在开展户外运动前需要在身体和心理两方面做好充分的准备。

①身体准备

身体是开展户外运动的基础，具体表现在具有良好的耐力、敏捷、平衡力、灵活力，肌肉有力，肺活量大，面对突发情况时，大脑能保持清醒，能迅速作出应对反应等。具体来说，在开展户外运动之前可以从以下几方面提高身体素质：

第一，在户外运动开展前制订一个循序渐进的身体素质提升计划，将每个目标逐步完成；第二，以时间为基础，将指标计划细化到每周的次数，每周不少于三次身体锻炼；第三，计划一旦制订，不能半途而废，要保持其连贯性，保持锻炼习惯；第四，锻炼方法不可以妄自揣测，应科学合理，其内容也必须适合自己的身体发展，遇到有疑虑的地方一定要寻求教师的帮助。

除此之外，在锻炼方式上还可以采用以下几种方式进行。有氧锻炼：骑自行车、跳绳、游泳、滑冰等；无氧锻炼：短跑、举重、跳远、俯卧撑、潜水、投掷等；静力锻炼：半蹲、小半蹲等；灵活性锻炼：腕力球、颈椎操。

此外,为了确保身体健康,可以提前对身体做一个全面检查,以便在户外活动中有效应对和避免身体疾病和损伤问题。体检的项目内容包括过敏原、生病史、心电图、呼吸系统等。

②心理准备

心理素质是综合素质中的重要组成部分,当身体有了充分的准备后,在心理上也要作出相应的准备,这样才能在户外运动中有良好的适应力和表现力。在户外时很有可能会突发很多意外状况,良好的心理素质能够使学生冷静应对问题,及时克制不良情绪,并迅速作出相应的处理方法,这在户外运动中是非常重要的。良好的心理素质有利于使人正确应对在户外运动中经常遇到的一些基本问题。

第一,疼痛问题。户外杂草丛生,道路崎岖,学生的身体常常会出现一些擦伤或碰撞伤,进而也会产生一些身体上的疼痛感。若出现了明显的不适感时,学生可以转移注意力,专注于解决和克服各种困难。

第二,疲劳感。户外运动需要消耗大量的身体能量和精力,由于户外生活条件有限,身体得不到充足的休息和调整,所以,学生容易产生强烈的疲劳感。此时,学生应该及时调节自己的情绪和心情,给自己加油打气,重新获得热情和信心。

第三,饥饿感。在户外因食物短缺而产生饥饿感时,学生要保持冷静,仔细观察周围的情况寻找食物来源。另外,当水短缺时,需要引起重视,有医学研究证明,人体缺水的情况不能超过 7 天,因此,在有限的时间内,学生应冷静思考、调动智慧和经验,一定要及时寻找水资源。

(2)装置准备

户外所需要的基本准备种类比较多,涉及的内容也比较繁杂(表 6-1-3)。

表 6-1-3 户外基本装置准备

着装	夏季男生不可穿着短裤,女生不可穿着短裙;冬季穿着有防风性能或具有保温层的外衣。衣服选择耐磨性好、柔软性好且宽松舒适的服装。冲锋衣就是户外运动中常用的服装

续表

鞋	选用轻便、防水、耐磨、透气性强的即可
水壶	夏季为了便捷,可以直接使用闲置的可乐瓶;冬季可以选择有保温功能的水壶。水壶容量应在1.5升以上。还可以选择一种多功能水壶,必要时它可以是一种简单的炊具
背包	背包可以根据自己需求选择,一般女士选择45～55升容量的即可,男士选择55～80升即可,学生选择25～50升即可。材质选择耐磨、防水性好的
照明手电	手电是户外运动必备的,除能为我们提供照明外,有时还具有求救和搜索功能,要选择电池续航时间长、防水的
指南针	指南针也是户外运动时的必备品,可以在特殊情况下帮助我们识别方向
瑞士军刀	又称万能刀,含有许多工具的折叠小刀,具有户外运动需要的一些基本使用功能
帐篷	帐篷分为很多种,具体可以根据户外运动主题进行选择,一般要选择抗风、防雨性好的。帐篷内可以选择防潮垫或气垫,以保证在户外睡眠时防寒
安全绳	由尼龙吊带制成,在户外可以用于攀岩、爬绳等
药品	一般准备基本的防蚊水、创可贴、纱布、酒精等常用药品即可

除此之外,还有手套、防寒帽、打火机、炊具、望远镜、吸管、手杖、软梯等,都是户外运动时可以携带的,具体需要根据户外运动的主题进行选择。值得注意的是,在没有经验的情况下,户外运动不可自发组织个人前行,需要由专业的人士带领。在户外运动途中,对于一些突发情况,自己也要量力而行,不要做没有把握的事情,以免发生危险。

(3)做好吃苦耐劳的准备

户外各种无法预测的情况都有可能发生,其条件的艰苦很有可能超出自己的预料,各种意外的情况和问题时刻在打击着学生的信心与热情。因此,在户外运动开展之前,学生需要充分锻炼自身的毅力与耐力,做好吃苦耐劳的准备。

（4）做好团结互助的准备

当代大学生大多是家中的独生子女，父母对子女往往是有求必应，大部分学生便形成了以自我为中心的心理，都未曾真正参与过集体生活或团体活动。因此，在开展户外运动前，学生必须在心里做好要与大家一起生活、共同克服困难和障碍的准备，不以自我为中心、不盲目独行，要加强自身的责任感，和其他同学优势互补，提高团体协作能力，培养自己的团队精神。

（5）假象练习

每个人到了一个陌生的环境之后都会紧张和不安，因此，为了将这种紧张和不安的情绪降到最低，可以在户外运动开展之前在大脑或心里作出一定的假象练习，让自己提前适应。比如，遭遇毒蛇咬伤后应该怎么处理，迷路了要怎么做，物资短缺怎么办等。假象练习不仅能够提高自己在真正面对同样情况时的应对能力，还有利于物资和装置的准备和完善。

（二）户外组织计划的制订与安全保障

1. *户外运动组织计划的制订*

（1）户外运动组织计划的内容

计划制订是户外运动顺利开展的前提，也是户外运动开展的必要环节。一般来说，户外运动组织计划制订的内容需要包括以下两方面：

①选择目的地，收集相关资料

地理：户外活动都是在自然环境中进行的，选定一个适合学生的目的地尤为重要，教师应对地理位置的地形、地貌等有一定的了解。

历史：应了解此前该目的地展开过同类型户外运动的历史。

人文：收集当地的人文风俗，以便在活动过程中因为不懂而触犯当地的禁忌或违反当地的风俗。

习俗：了解当地的习俗有助于在活动中与当地人交流沟通，与当地人和谐友好地相处。

限制：了解当地有没有特殊的规定，如能否生火，能否扎营，能够无票通行等。

②整理和分析

线路选择：根据学生的体能和物资准备情况，选择一条合适的前行路线。与此同时，为了避免意外情况发生，还应当制订出一个备选的前行路线计划。

难度评估：对前行路线中可能出现的难题进行评估和预测，以便学生有针对性地作出准备。

风景指数：虽说户外运动是为了加强学生的体能锻炼，是为了高校体育教学改革创新，但在户外活动中欣赏美妙的风景也是必需的，它能更好地让大学生从中感受到大自然的美、使心情放松。

天气预测：对计划出行的十天内天气状况进行了解，若遇到天气突变的情况可以将原定计划时间延后。

交通状况：这里的交通状况包括选择出行的方式，途中就餐、休息、如厕等需要花费的时间以及避免途中发生交通堵塞的情况，需据此选择一条合适的出行路线。

完成时间：对行程完成的时间作出整体规划，针对预计完成时间预留15%左右的缓冲时间。

（2）制订户外运动组织计划的基本要求

具体来说，制订户外运动组织计划需要遵循以下几点要求：

第一，要确保制订的每一个环节都切实可行，具有可操作性。

第二，途中的食宿问题做好详细的安排，并提醒学生做好相应的物资准备。

第三，对途中可能出现的问题进行预测和评估。

第四，要量力而行，在没有专业知识和专业设备支持时，对没有把握的项目不冒险，以免发生危险。

第五，学生不能自发组织脱离队伍。

第六，计划拟定后需要得到团队所有成员的认可，并作出一份或两份备选方案。

（3）了解应急方案

即便是再完美的活动计划和事前准备，在开展户外活动的实际过程中也极有可能发生一些意外和不可预料的情况，如迷路、暴雨、中暑、摔伤、暴雨、野兽袭击、交通意外等，应急方案就是为了应对这些极有可能发生的突发情况作出求救和自救。首先，可以安排具有一定医疗知识的教师参与到活动中来；其次，提前告知学生家长和校方关于班级出行的目的地和预计到达的时间，延长救援的时间，增加救援的成功性。

2. 户外运动实施与安全保障

户外运动的风险都是未知的，因此，为了保证安全性，无论是教师还是学生，都需要提高自身的责任感，同时，要详细了解户外运动中运用的各种辅助工具的性能。

（1）户外运动对教师的安全要求

教师正直善良，具有强烈的责任感和使命感，具备对问题的分析能力和判断能力。

开展户外运动时，必须保证领队走在队伍的最前面，在收队时走在队伍的最后面。

队伍经过休息规整准备再一次出发时，教师必须清点队伍人数，以免学生走失。

在没有专业装备和专业技术人员指导的情况下，教师不能带头或引导学生做高危险动作和活动。

出行交通工具选择遵循"火车、飞机优先，汽车次之"的原则，出行时间坚持"白天优先，夜间次之"的原则。

教师必须具备基础的医疗救护知识。

当需要选择新的路线或开展新的活动时，教师需要量力而行，避免作出冒险性选择。

制定严格的安全规定，最大限度地维护所有成员的安全。

（2）户外运动对学生的安全要求

学生在参与户外运动时，根据自己的身体状况选择是否参加。如有心脏病、哮喘等疾病的学生最好避开这类活动，以免在途中发生意外情况。

学生按照教师给出的要求，认真准备户外出行活动的用品。

在户外活动中,学生不能脱离队伍,不单独、不盲目行动。

学生要和团队其他同学和谐相处,不做损害集体和团队安全的事情。

学生要服从教师的安排。

(3)户外运动的安全保障

①绳带保障

绳索是户外运动中必备的工具,在需要探洞、过桥、下降、辅助用力、救援时绳索能够发挥有利作用。户外运动所运用到的绳索一般无弹性,当绳子有磨损、变硬、变软、变扁等情况时最好进行更换,以免在使用时发生不测。

安全带用尼龙带制成,一般用于攀爬、下降、登山、爬绳等,由双腿带和腰带组合而成。学生应根据自己的体型选择安全带,并了解安全带的不同系法。

②器具保障

户外运动中广泛使用的刀具为瑞士小刀。它是一种折叠工具,其基本工具有圆珠笔、牙签、剪刀、平口刀、开罐器、螺丝刀、镊子等,使用范围极广。

当在户外需要挖坑、挖排水沟、铲雪时,行军锹就能发挥独特的作用了,其轻巧,便于携带。

在户外需要制作某一物品(木筏、搭建庇护所)时,钳子能在很多细小的结构部分中发挥大作用。

铁锁具有多种型号,又称为钩环,通常用于登山活动中,可以代替绳结,具有较大的承受力,但因为是由铝合金制成的,所以有一定的重量,不方便携带。

③信号工具

信号工具能帮助我们在户外发生紧急或意外情况时及时发出求救信号。信号工具可以是专业的求救设施,如哨子、信号枪、气球等,也可以是在活动过程中使用的一些小器具,如反光小镜子等。

第二节 户外教学之徒步穿越与野外生存

一、徒步穿越的概述与技能

（一）徒步穿越的概述

1. 定义

徒步穿越是指在一定的区域范围内，步行穿越丛林、平原、峡谷、沙漠等地，完成由起点到终点的里程的一种户外运动。徒步穿越对人们户外的综合素质要求较高，不管是体能还是心理素质、技能技巧、团队精神等方面，运动者只有具备一定的能力水平才能完成徒步任务。徒步穿越能够给人以一种不同的人生体验。

2. 徒步穿越的分类

徒步穿越不能借助任何交通工具，运动者只能凭借装备和供给不断前行。如果按照穿越的地域特点进行分类，则可以将徒步划分为山地穿越、丛林穿越、沙漠穿越、雪原穿越、冰川穿越、荒芜穿越等。在不同的地域中，徒步穿越者能感受到不同的美，如沙漠的苍凉之美或冰川的冷峻之美。

3. 注意事项

第一，团队成员需要保持目标一致，共同朝着相同的目标努力前行，在途中以积极乐观的心态完成穿越。

第二，要对团队中每个人的责任与义务进行分工，如不同的人分别负责做饭、扎营、探路、搜索等。

第三，要合理分配体力，如上坡路程以每 30 分钟休息 5~10 分钟为宜，下坡路程以每 60 分钟休息 10~15 分钟为宜。

第四，均速运动，在规定时间内完成规定的行程，不拖沓、不冒进、不鲁莽前行。

第五，徒行队伍不宜过长，避免发生人员走失而不能及时发现的情况。

第六，根据团队成员的体力来调整徒行计划，避免因为赶路而造成人员体力透支的情况。

第七，在途中若有成员发生病痛或受伤的情况，及时调整徒行计划。

（二）徒步穿越的技能

当徒步穿越时，运动者会遇到各种自然挑战，如跨河渡江、攀岩、登山、野外生存等，对运动者的综合技能的要求较高。

1. 在徒步行走中保持正确的姿势，控制好行走速度

徒步穿越完全依靠双腿活动，但又不仅仅依靠双腿，还需要身体其他部位作出协同反应，所以也是一种全身运动。在徒步穿越的开始阶段，学生可以适当地放慢行走节奏，给身体一个适应的过程，同时也为后面的徒行里程做好体能储备。在徒行过程中，学生要集中精力，不与同学嬉笑打闹，不高声歌唱或喊叫，以免消耗体能。在欣赏途中美景时，学生要注意安全，尤其是在有上下坡的路途中，一定要保持专注力，勿因小失大。

2. 以积极主动地休息为原则

徒步穿越需要花费不少时间，从整体上来看，为了保证每一段路程的效率，在完成一段路途的行走之后，需要安排适当的休息时间。比如，在平地行走 50 分钟后，可休息 10 分钟；在山坡行走 30 分钟后，可以休息 10 分钟。这种短时间的休息时间，以站立休息为主，学生不宜将背包取下，主要是为了调整自己的呼吸状态，同时缓解肢体关节的疲劳感。在 60~90 分钟的休息时间内，学生可以将身上沉重的背包卸下来，缓慢坐下休息一会儿，但需要注意的是，休息时不要立即坐下，这样会加重心脏的负担。

3. 及时、合理地补充水分

水是人体不可缺少的组成成分，在户外运动中，在水资源充足的情况下，每人每天需要保证 3000 毫升的饮水量，当然，每日具体的饮水量还要视不同的天气和季节而定。一般来说，饮水次数和饮水量宁多勿少。当学生感觉口干舌燥，或尿液呈暗黄色时，说明身体已经发出缺水信号了。

4. 不同地形的穿越原则

（1）山地穿越

户外的山地一般都会有上坡和下坡以及大路和小路。一般来说，在徒步穿越山地时，坚持有大路不走小路、走高不走低原则。在走上坡时，身体重心前倾，或是用手和脚辅助前行。当坡度小于 30°时，可以以直线方向穿越；当坡度大于 30°时，可以采用"之"字形穿越法。当穿越途中出现草原时，尽量不要抓住草蔓或以树枝助力，以免拔断树草发生意外情况。当穿越途中遇到下雨天时，需要避开溪流、沟谷等地，防止在急湍水流或淤泥沼泽地带发生危险，同时也尽量不要选择在大树下避雨，以防遭到雷击。当遇到暴风雪、强风、浓雾等天气状况时，可暂停前行，等天气好转再出发。

（2）沙漠穿越

沙漠广袤无垠，在进行沙漠穿越前，一定要制定详细的徒行路线，并在实际徒行中严格按照制定的路线前行。当然，在遇到沙丘或沙山时，一定要绕行，切忌直越。在沙漠徒行时要避开背风面松软的沙地，一般选择在迎风面的沙脊上行走。此外，在沙漠穿行时要坚持"夜行晓宿"的原则，因为白天太阳光直照，人在沙漠行走极易产生疲劳感甚至发生脱水。当随身携带的水资源耗尽，又没有寻找到水源时，人一般只能生存 1～2 天，因此通常宜选择在夜间前行。

（3）丛林、灌木丛穿越

一般茂密的丛林或灌木丛中会潜伏着大量的蚊虫甚至毒蛇，所以人在丛林穿越时一定着长衣长裤，并将裤腿、领口扎紧，必要时戴上口罩、手套、帽子。当遇到丛林树木过于密集而无法通行时，可以使用刀具将树木砍断。当路面覆盖有大面积杂草或树叶时，一定要慢行或用手杖在路面先行试探再行走，以防林中有隐藏的陷阱，如捕兽夹等。

（4）渡河

徒步穿越会遇到河川溪流，一般在徒行时，运用地图就可以判断前行途中有没有较大的河流，如果可以避开则尽量选择在平地绕行。当实在无法避开时，在过河时一定要选择好有利的过河点。首先可以根据周边的环境看看是否有可利用做过河的工具，或求助当地人寻求合适的工具。当没有外界工具可用，必须步行渡河时，则要选择水流缓慢且地面较浅的位置渡河。如果实在没有较低的位置或水流极为湍急，则不要毫无把握的冒险，应重新调整计划。

（5）夜行

夜行并不是指在伸手不见五指的夜间前行，而是指在月光或其他光线作用下能够看清周围环境的轮廓或边缘的情况下前行。此外，在夜行途中，在条件有限的情况下，可以借助自身敏锐的嗅觉和听觉来对周围情况进行判断，或使用手电照明来查看地形。

二、野外生存概述与技能

野外生存是指在没有任何辅助性条件下，人们在原始的自然环境中利用各种天然资源进行生存活动。

（一）野外生存运动的起源

在第二次世界大战期间，一艘给养船在大西洋遭到德国军船的袭击，由于处于广阔的大海中，且又远离陆地，供给船没有及时获救，致使大批船员落水牺牲。而令人惊奇的是，竟然有少部分人存活了下来，他们不是身强力壮的年轻人，而是拥有丰富出海经验的年长水手。由此可知，当一个人身处绝境时，能否生存下来的关键因素并不是体能素质的强健，而是是否拥有超强的心理素质和精神状态，以及丰富的生活阅历。自此，当时的军队便开始展开了对士兵的野外生存训练，除了注重加强体能素质的锻炼，更强调士兵在野外生存能力和意志的培养，以及军队士兵的团体协作能力的培养。许多处于战争绝境中的士兵拥有了超强的生存技能和希望，在战争频发年代得以幸存。

在第二次世界大战结束后，野外生存训练逐渐退化，而这种训练方法开始慢慢被应用在军队以外的领域，成为人们缓解在工业信息化社会中压抑和焦躁的情绪和心理状态的一种新方式，并慢慢形成商业化模式。有组织地进行野外生存活动，不仅使人们的精神和心理得到释放，同时还磨炼了人们的意志力，提升了人们的团队合作能力。

（二）野外生存的特点

野外生存的特点与其他常规性的体育活动项目有所不同。常规性的运动项目在既定的环境场所中就能完成，而野外生存则脱离了一系列人为的环境设定，强调在没有任何通信设备以及生活工具的情况下谋生，是对人体体能的一种考验，更是对精神意志的一种挑战。

在现代社会中，当人们厌倦了时代的工业气息和浮躁的城市氛围后，返璞归真便成了人们的一种新追求。野外生存让人们卸下了在城市中的身份和地位，用自己最原始的身份在大自然中寻求生存。在高校体育教学中添加野外求生这一拓展内容，可以提高学生的团队合作能力，培养学生的集体意识，让学生学习攀、爬、跃等生存能力，以不同的方式完成体育教学的目标，同时使体育教学更富有层次和深度。

（三）做好野外生存体验的准备工作

1. 制订一个完善的计划

将野外生存活动参与的人数、每个人需要预备的物资、出行的路线、活动完成的时间、活动期间的天气气候、需要应用到的装备和工具、应急措施、备份方案等，都详细整合并制定一个具体的计划方案，防止途中出现物资短缺或发生其他突发情况。

2. 确定活动目的及意义

出行的目的可以根据所有人的想法进行概括，如民俗走访、风情考察、景物摄影、团队拓展、体质锻炼等。同时，要稳定团队每一个成员的情绪，不能因为个别成员不稳定的情绪而影响其他人的出行，甚至是干扰到整个团队的活动进程。

3. 思想准备和体力准备

野外生存必然会发生擦伤、碰撞、蚊虫叮咬等情况，所以在开展野外求生活动前需要对可能要面临的问题有一个预知，同时还要考虑各种困难和问题的出现，不能在实际活动中临阵脱逃或放弃，而是要和团队成员一起想办法共同渡过难关。

野外求生与日常的体育锻炼不同，野外求生持续时间长，也更消耗体力，对此，应加强身体基础体能素质的训练，同时加强攀、爬、投等技巧动作的训练，做好体力准备。

（四）野外生存技巧

1. 判断方向

可用指南针、地形图等物品在野外判断方向。当没有这些相关物品或物品有所损坏时，也可以利用一些自然特征来进行方向的判断。例如，利用太阳判断方向，利用生物特征进行判断（树朝南的树叶要较为茂盛，树皮光滑，树桩上的年轮南面稀、北面密等）。在夜间若出现迷路的情况，可以根据星辰来判断方向，如北斗七星中最明亮的一颗星为北极星，其指示方向为北方。

2. 获取食物

在野外一般是采集野生果子或捕猎小型动物以满足生存需求。我国可食用的常见野生果子有山葡萄、野板栗、火把果、黑瞎子果、沙棘等；可食用的常见野菜有苦菜、蒲公英、鱼腥草、马齿苋、荠菜、芦苇、青苔等；已知的可食用昆虫有蚂蚁、蚯蚓、蜗牛、蚱蜢、螳螂、知了、蜻蜓等。值得注意的是，在食用野外动植物时，若是动物类的一定要熟透，以免有寄生虫；若是植物类的需要判定是否有毒，最简单的判定方法就是将获取的植物割开一个小口，放进一点盐，如果植物变色，则为有毒，不能进食。

3. 获取水资源

在野外除可以在河流、小溪处取水外，还可以利用空盒子等容器采集雨水或露水。另外，还可以利用动物或昆虫的踪迹来寻找水源，或在竹类等中空植物的节间处采集汁液，必要时也可以通过挖掘地面来获取水源。

4. 野外生火

野外生火可以驱赶一些危险的野兽或害虫，应是参与者的一项必备的技能。在野外生火时，要寻找一些枯草、干树叶、干树枝等，再用火柴或打火机取火。在没有这些便利工具的情况下，可以采取击石取火、电池生火、藤条取火等方式取火。

第三节　户外运动急救知识

一、急救前的观察

在户外发生伤情时，首先要保持冷静的心态，不要慌张，不管是自己受伤还是其他成员受伤，都先要细心观察受伤情况，并充分利用身边有限的医疗资源进行急救处理。

观察伤者全身，在整体上有一个大致的了解，看有没有其他部位的伤情。观察伤痛部位，快速分析引起的原因、严重程度，同时注意伤者的脸色、唇色，以及呼吸状况、皮肤颜色等，确认伤者是否有内伤。随后，根据判断出的具体伤痛原因选择相应的处理方式。需要注意的是，如果在观察或处理的过程中，伤者出现症状加剧的情况，应当与团队成员有序的分工合作，做好对伤者的脱险救援工作。

二、户外运动常见的伤痛处理

（一）扭伤

扭伤常出现在脚踝、手腕、腰部、颈部等位置。当发生扭伤后，首先，应保持情绪平稳，身体不要发生二次扭动。有冰块则用冰块敷在扭伤处，不能直接将冰块敷在伤口处，需要使用毛巾或纱布隔开。没有冰块则用湿的毛巾敷在扭伤处，让毛细血管收缩，缓解扭伤的疼痛感，进行消肿。其次，避免剧烈运动，尽量休息，以免导致伤口发炎。在冷敷30分钟之后，可以尝试着慢慢挪动伤者的扭伤部位，检查是否骨折。在扭伤24小后，伤口可以进行热敷。

（二）开放性外伤

1. 割伤

比较浅的伤口用温水或酒精、碘伏冲洗擦拭后，用创可贴贴上即可，一般在短时间内即可恢复。若伤口较深，应当立即压迫止血，用手按压住或用绷带布条包扎住伤口，再视情况进行后续处理。一般来说，开放性外伤不适宜涂抹药膏之类的药物，会导致伤口愈合困难。

2. 刺伤

若被木屑、针、金属片等物品刺伤，首先对伤口处进行消毒，然后仔细地将异物取出。为了避免仍有残留的异物留在皮肤内而出现伤口感染的情况，当异物取出后应对伤口处进行挤压，将一部分血液挤出来，再对伤口进行包扎。

（三）中暑

中暑也是在户外运动中常会发生的一种情况，若有成员发生中暑，就需要及时采取救急处理，否则伤者将会出现虚脱甚至死亡。

中暑常常表现为头痛、头晕、昏睡、步态不稳，甚至是呕吐、晕厥等。首先，要将患者移至阴凉的地方，解开衣扣，保持周围环境的通风，让患者呼吸通畅，用冷水敷头部、腋窝、大腿根等部位。其次，立即给患者补充一点凉开水或盐水。用温水擦拭患者身体四周，将皮肤擦红，一直到患者体温降至37℃左右。最后，在有条件时可以给患者服用十滴水、藿香正气水等药品。

（四）溺水

在户外，当发现身边同伴溺水时，应立即救援，进行现场复苏。首先，将溺水者口腔、鼻腔、咽喉部位的异物清理干净，保证溺水者呼吸通道的顺畅。其次，采用口对口或口对鼻的方式进行人工呼吸，当出现心脏停止的现象时，可以同时进行胸外按压，试图恢复溺水者心跳，一般来说，胸外按压与人工呼吸按照30∶2的比例进行施救。

人工呼吸和胸外按压是对溺水者最有效的施救手段。在抢救时，不要轻易中断或轻易放弃，应直到溺水者将异物呕吐出来，或是已经有其他症状表明无法抢救时，则表明可以停止。

（五）冻伤

一般来说，身体的手、耳、脚等部位最容易出现冻伤，当发生冻伤后，应让冻伤部位浸泡在温水中迅速复温，不可揉捏患处，以免引起坏死，然后利用消毒工具进行消毒。若发生全身冻伤的情况则需要引起高度重视，通常人体体温下降到20℃时会出现昏睡的情况，这时一定不能让伤者昏睡，应想办法让伤者保持清醒和兴奋的状态，同时对伤者进行人工呼吸或心脏按压，使身体逐渐回温。

冻伤通常以预防为主，所以，在冬季进行户外活动，或是在高山、雪山等地区进行户外活动时，学生要注重防寒、防湿、防风，将帽子、口罩、手套、围巾等物品备齐，加强身体保暖性。对于暴露的皮肤可以擦拭油膏，减少散热，防止冻伤。

（六）食物中毒

在户外运动中，可能会由于食物短缺、食用户外不明物，而导致发生食物中毒。当食用食物后明显感觉腹痛、胀气、发热、疲劳等感觉时，则很有可能出现食物中毒的情况。对此，应进行催吐，用手指抠喉咙，让胃里面的东西呕吐出来，或是灌服食用油催吐、吸收肠胃内的毒素。在野外条件简陋的情况下，还可以利用黄泥调和浓汤进行灌服，也能起到吸附毒素的作用等。在催吐过程中，中毒者尽量侧坐，不要平躺，以免发生呕吐而使异物堵塞呼吸道，引发窒息。

（七）蛇虫咬伤

户外杂草丛生是蛇虫蚂蚁出没最多的地方，如果不幸被蛇虫咬伤，则应冷静观察伤口，判断是否有毒。我国的毒蛇种类较多，被不同种类的蛇咬伤，表现出的病症有所不同。在通常情况下，被有毒的蛇咬伤后会发生出冷汗、恶心、呕血、眼结膜出血等症状。

首先，为了防止毒液扩散，应在伤口附近5～10厘米处绑扎，防止静脉血和淋巴液回流，然后用手按压伤口周围将毒液排出；其次，用冷水对伤口处降温，降低毒素中酶的活力，同时，用生理盐水或肥皂水、清水冲洗伤口，在得到救援后，迅速就医。

三、户外运动注意事项

要有危险意识，在初次步入大自然时，要怀有敬畏心态，不自大、不盲目在野外中从事任何没有把握的事情。

按照团队安排的户外项目进行活动，不要擅自延展体能活动，以免体能不足，当遇到恶劣的自然环境时，引发潜在的病症。

要具备基本的自救和求生技能，同时，能够熟练操作或使用一些基本的户外用具及技能，如指南针定位等。

准备一定的紧急药物，很多在生活中被忽略或不常用的药物，在户外时往往能发挥到巨大的作用，比如一块巧克力或糖果，还有云南白药粉、十滴水、清凉油等。

一旦确定参与户外活动，就要选择专业、安全的户外装备，以免在实际过程中因为装备问题导致危险事件出现。

参考文献

[1] 陈轩昂.新时期高校体育教学的改革与发展[M].北京：航空工业出版社，2019.

[2] 刘汉平，朱从庆.我国高校公共体育课程教学的发展与改革探究[M].长春：吉林人民出版社，2021.

[3] 张琦，柴猛.大学体育教学改革与创新[M].长春：吉林科学技术出版社，2020.

[4] 刘竞红.大学体育理论与教学创新研究[M].西安：西北工业大学出版社，2018.

[5] 姜岚主.大学体育与健康[M].重庆：重庆大学出版社，2020.

[6] 梁培根.终身体育与健康[M].广州：华南理工大学出版社，1994.

[7] 曾佳.大学体育教学与管理研究[M].长春：吉林出版集团股份有限公司，2019.

[8] 苑莎.新时期体育教学管理与教学质量提高综合研究[M].北京：北京工业大学出版社有限责任公司，2019.

[9] 白震，李德玉，史国轻.大学体育与户外运动[M].长春：吉林人民出版社，2021.

[10] 张斌彬，李纲，李晓雷.户外运动与户外安全防护研究[M].北京：应急管理出版社，2019.

[11] 黄琦.终身体育理念下的高校体育教学优化[J].冰雪体育创新研究，2022（20）：117-120.

[12] 赵健.新时代高校体育教学模式改革策略研究[J].冰雪体育创新研究，2022（20）：133-136.

[13] 刘惠喆."互联网+"背景下高校体育教学混合学习模式探索[J].冰雪体育创新研究，2022（19）：123-126.

[14] 王园丽，刘双源.关于网络教育技术在高校体育教学中的应用分析[J].科学咨询（科技·管理），2022（10）：249-251.

[15] 张继贵.我国高校体育教学管理的困境及解决措施[J].黑龙江工业学院学报（综合版），2022，22（9）：148-152.

[16] 王晟.功能性体能训练在高校体育教学中的运用[J].冰雪体育创新研究，2022（16）：65-68.

[17] 王威，张永明.德育教育在高校体育中的作用与路径分析[J].北京印刷学院学报，2022，30（10）：72-74.

[18] 赵虹."立德树人"教育根本任务在高校体育教学中的落地措施[J].拳击与格斗，2022（4）：58-60.

[19] 施德志.体育课程对高校学生心理健康的培养研究[J].文体用品与科技，2020（20）：87-88.

[20] 方高剑.高校体育与心理健康教育改革实践研究[J].黑龙江科学，2020，11（19）：104-105.

[21] 郎奇.高校体育教学"运动项目游戏化"研究[D].长春：吉林体育学院，2012.

[22] 王娟.普通高校体育教学改革的理论与实践研究[D].武汉：武汉体育学院，2012.

[23] 崔艳艳.我国普通高校体育教学环境研究[D].石家庄：河北师范大学，2012.

[24] 杨潇.高校体育教学中对学生体育人文精神的培养研究[D].昆明：云南师范大学，2015.

[25] 皇甫秉祥.商丘市普通高校田径课程开展存在问题与对策研究[D].济南：山东体育学院，2015.

[26] 王蓉.普通高校体育教学评价模型的构建与实证研究[D].昆明：云南师范大学，2016.

[27] 时雨晨."慕课+翻转课堂"教学模式在大学体育教学中的应用与实验研究[D].成都：西南财经大学，2018.

[28] 尹慧忠.微课在高校体育教育排球普修课教学中的应用研究[D].济南：山东师范大学，2018.

[29] 施家瑜.普通高等院校体育学科多校区网络化管理研究[D].上海：华东师范大学，2010.

[30] 林启勇.高校大学生综合素质发展的体育教学模式研究[D].成都：四川大学，2004.